FASCICULE I

DICTIONNAIRE

BRETON-FRANÇAIS

DU DIALECTE DE VANNES

DE PIERRE DE CHALONS

RÉÉDITÉ ET AUGMENTÉ

DES

formes correspondantes jusqu'ici inédites du bas-vannetais,
de nombreux rapprochements
avec les autres dialectes bretons et le gallois,
suivi d'un appendice renfermant
d'importants extraits du dictionnaire français-breton
manuscrit du même auteur

PAR

J. LOTH

Doyen de la Faculté des lettres de Rennes.

RENNES

J. PLIHON ET L. HERVÉ, LIBRAIRES-ÉDITEURS

5, rue Motte-Fablet, 5

1895

FASCICULE I

DICTIONNAIRE
BRETON-FRANÇAIS

DU DIALECTE DE VANNES

de Pierre de Châlons

RÉÉDITÉ PAR

J. LOTH

Doyen de la Faculté des lettres de Rennes.

RENNES

J. PLIHON ET L. HERVÉ, LIBRAIRES-ÉDITEURS

5, rue Motte-Fablet, 5

—

1895

PRÉFACE

Pierre de Châlons, l'auteur de ce dictionnaire, naquit à Saint-Dizier, paroisse de Lyon, le 30 mai 1641. Il était fils de commerçants dont le nom était dépourvu de la particule : il ne la prit qu'à son arrivée dans le diocèse de Vannes. Licencié en l'un et l'autre droit, il fut pourvu par l'évêque de Vannes le 28 juin 1696, et reçu par le chapitre le 3 juillet 1709 [1]. Il résigna ses fonctions le 23 mars 1709 pour permuter contre la charge de recteur de Sarzeau. Il en prit possession le 3 avril de la même année, et mourut à Sarzeau le 12 octobre 1718 à l'âge de 77 ans. C'est à Sarzeau qu'il composa son dictionnaire qui ne parut qu'en 1723, revu et corrigé particulièrement, comme cela ressort des additions, par Bertho, recteur d'Arradon, et par Cillart de Kerampoul, recteur de Noyal-Pontivy, l'auteur du dictionnaire français-breton du dialecte de Vannes, connu, on n'a jamais su pourquoi, sous le nom de *Dictionnaire de l'Armerye*. Le dictionnaire de Cillart, publié sans nom d'auteur, a été souvent attribué à Pierre de Châlons [2]. Les recherches de l'abbé Luco ont fait définitivement justice de cette allégation [3]. Il est en revanche très probable que Pierre de Châlons a été aidé dans la composition de son dictionnaire par Cillart, originaire de Sarzeau. Pierre de Châlons, à en juger par la traduc-

---

(1) Pour la biographie de. Pierre de Châlons, voir abbé Luco, *Pouillé historique du diocèse de Vannes*. Il y a une faute d'impression à la page 46. Il aurait résigné le 22 mars 1729 : lisez 23 mars 1709, comme cela ressort de l'article consacré dans le même ouvrage aux recteurs de Sarzeau.

(2) Voir notamment *Bulletin du Bibliophile* de 1837, p. 368. L'article de la Biographie bretonne de Levot consacré à notre auteur est un tissu d'erreurs.

(3) *Bulletin de la Société polymathique de Vannes*, 1877, p. 179; cf. *Revue celtique*, VII, p. 317.

tion de certains idiotismes, par la façon de transcrire certains membres de phrase ne paraît pas s'être rendu complètement maître des difficultés de l'idiome breton. Moins riche que le dictionnaire français-breton de Cillart, le dictionnaire de Pierre de Châlons contient cependant bon nombre de mots et de formes intéressantes qu'on chercherait vainement dans les autres dictionnaires. Si l'on ajoute que les exemplaires de cet ouvrage sont devenus extrêmement rares, on comprendra pourquoi nous ayons songé à le rééditer.

L'orthographe de l'auteur a été scrupuleusement respectée. C'est l'orthographe française de l'époque avec quelques traits particuliers : *h* pour exprimer la spirante gutturale sourde aujourd'hui transcrite, surtout en dehors du vannetais, par *c'h* (*h* représente d'ailleurs assez bien, en bon nombre de cas, notamment entre deux voyelles, la prononciation vannetaise de cette spirante); *-hue* à la fin des mots pour exprimer *ü* consonne, le son initial que l'on a dans les mots français *hu-issier, hu-ile; eu* final pour exprimer *ö* (français *eu* ouvert ou fermé ou même *è*) suivi de *ü* consonne. Pierre de Châlons emploie aussi *ë* pour exprimer un son analogue à *e* féminin français; souvent aussi, notamment à la fin des mots, *e* est employé sans qu'il réponde à aucun son réel : c'est une habitude française.

Mes additions sont entre crochets; elles consistent surtout dans des renvois. A la fin de beaucoup d'articles on remarquera un mot breton en caractères gras: c'est l'équivalent du mot vannetais en dialecte de Léon, s'il n'y a pas d'indication contraire. Pour les mots que je cite, j'emploie l'orthographe courante dans les dialectes de Cornouailles, Léon et Tréguier, c'est-à-dire, à peu de chose près, l'orthographe dite de Le Gonidec. Pour les voyelles nasales, j'emploie le ˜ sur la voyelle (*mõ* = français *mon*); *n* suivant une voyelle avec ce signe est sonore : *cãn* chant = français *can* + *n*[1].

(1) Dans le groupe *voyelle* + *n*, la voyelle est le plus souvent nasale; elle l'est toujours dans *o* + *nt*; elle l'est en bon nombre d'endroits, dans *a* + *nt*.

DICTIONNAIRE

Breton-François

DU

DIOCE'SE DE VANNES.

Très-utile, non seulement pour ceux qui veulent apprandre le Breton, mais même pour tous ceux qui le sçavent, afin de s'y Perfectionner & le Prononcer correctement.

Composé Par Feu Monsieur de Châlons, Recteur de la Paroisse de Sarzeau, Grand Vicaire de Feu Monseigneur François d'Argouges, *Evêque de Vannes.*

Revû & corrigé depuis la mort de l'Auteur.

A VANNES,

Chez Jacques de Heuqueville.

M. DCC. XXIII.

Avec Approbatoins [1] *& Privilege du Roy.*

(1)ᵉ *Sic.*

AVERTISSEMENT

IL faudroit un Dictionnaire Breton particuliér pour chaque Paroisse, tant il se trouve de changement en cette Langue, & dans l'Ortographe & dans la Prononciation des mots. Celuy qu'on présente ici ne remédie point du tout à ce mal : cependant il ne laissera pas d'être très utile, non seulement pour ceux qui veulent apprendre le Breton (comme il est évident.) Mais même pour ceux qui le sçavent ; ces derniers trouveront sous leurs yeux plusieurs mots ausquels ils n'avoient jamais fait attention, dont ils pourront se servir heureusement dans le Confessional & au..s la Chaire, pour échauffer leur Stile toujours trop froid. Comme feu Monsieur de Châlons l'à Composé étant Recteur de la Paroisse de Sarzeau, il ne faut pas s'étonner que son Breton s'en resente ; le Recteur qui l'à éxaminé avant de le confier à l'Impression, n'a pû n'y n'a dû le changer. Il y a donc fait peu de corrections, & y a aussi ajouté peu de chose : chacun dans sa Paroisse pourra aisément suppléer à la difference qu'il remarquera de son Breton à celuy de ce Dictionnaire, en corrigeant & ajoûtant sans scrupule sur celuy qu'il aura pour son usage.

AVERTISSEMENT.

Par éxemple pour rendre en Breton ce mot Chrétien *au plurier,
je prononceray*

A Léon,	Christenien.
A Sarzeau,	Chrichinion.
A Aradon,	Chrichënion.
A Noyal Pontivy,	Christenionë.
A Pluvigné,	Christenion.
A Loc-Malo,	Christanienë (1).
Et ailleurs,	Christenianë.

*Et ainsi de beaucoup d'autres mots. Je ne décideray point ici quel
est le meilleur de tous ces Bretons (malgré la prévention sur ce point.)
Quand on trouve le secret de s'énoncer & de dire tout ce que l'on
veut & comme l'on veut, on doit être content :*

Venimus ad summum fortunæ, pingimus, atque
Psallimus. *Hor. Epist.* 1. *Lib.* 2.

*Le meilleur Breton pour moy c'est celuy dont j'ay besoin :
chacun doit s'attacher au langage de son Peuple, se faire un point
& une étude de parler comme on parle dans sa Paroisse, afin d'y
faire plus de fruit. Au reste dans une seconde édition on profitera
des réfléxions du public : on se fera même un plaisir d'aller dans
les differens quartiérs recuëllir avec soin tout ce qu'on pourra trouver
pour rendre cét Ouvrage plus utile & moins imparfait.*

---

(1) Lisez *Christeniänï* et ailleurs *Christanienë* ou mieux *Christenion :* Loc-
malo est une commune du canton de Guémené-sur-Scorff, sur la rive gauche du
Scorff. Dans la partie ouest du canton, au pluriel en *-ian* répond *ien* (*e* féminin
français).

DICTIONNAIRE

BRETON-FRANÇOIS

A

a [*de*] : a beel, a ziabel, *de loin* — a berh, *de la part* [*de*] : aberh Doüe, *de la part de Dieu;* aberh mat, *de bonne part* (**a berz**) — a boen *ou* a boéné, *à peine* (**a boan**) — a boen[t] de boent, *de point en point* — a dost, *de prés* — a goursaden, *de temps en temps,* ou ahuéheu [**avechou**] — agrean *ou* agréné, *tout à fait* — a drés, *de travers* (**a dreuz**) — a oudé, *depuis* — a vihaniç, *dès l'enfance* — a zé de zé, *de jour en jour* — a zevri, *tout de bon* — a zorn de zorn, *de main en main* — abalamour, *à cause* — abéleh, abéban, *d'où* — [a dal, *d'auprès*] — [a brest], *bientôt* — [a hét, *de long, durant :* a hét mem buhé, *durant ma vie*] — |abioh *ou* ayoh, *a monceau, beaucoup, plusieurs* (dans le territoire de Vannes, car ailleurs c'est *heilleih* ou *cals* ou *avairrein,* suivant les lieux)] — [a zelhüé *ou* azialhué, azerlué, *d'en haut*] — [a ziabarh, *par dedans*] — [a ziabel, *de loin*] — [a zianvés, *de dehors, par dehors*] — [a beeu, *tout droit;* a been *ou* in peen, *à bout :* deid on a been *ou* de been, *je suis venu à bout*].

abalamour : *v.* **a.**

abbadés, *abesse,* [pl.] **abbadezét.**

abbat, *abbé,* [pl.] **abbadét.**

abbati, *abbaye, maison abbatiale.*

abec, *raison, cause, occasion.*

abilan, [*le*] *plus habile :* bout en habilan, *exceller, être le meilleur.*

abrehuér, *abrevoir.*

abrest : *v.* **a.**

abus, abusation e'u é garg, *prévarication dans sa charge.*

abuzeiñ, *amuser, tromper, abuser :* abuzeiñ dré gomseu caër, *amuser par de belles paroles, ou amuser de contes.*

abuzour, *affronteur, enchanteur.*

accidant, *se dit en françois comme en breton.*

acclineiñ, *fléchir les genoux, faire la révérence.*

[**accord**] **:** accord dré güer, *accord à l'amiable.*

[**accordeiñ**] **:** accordein à bris ar un dra benac, *accorder de prix pour quelque chose.*

accoursein, *accoûtumer, habituer.*

accoustumance, *habitude.*

accoustumein, *accoûtumer, habituer :* him accoustumein, him accoursein, *s'habituer.*

achape[i]n, *s'esquiver, s'échaper, fuir.*

achiment, *accomplissement, supplément, fin.*

achiv, *parfait, achevé; parfaire, achever, finir.*

acoüeh, *rechutte* [**askouez**].

acoüehein, *retomber* [**askoueza**].

acquittein, *rembourser, acquitter.*

adal : *v.* **a.**

adoüé, *eguille :* ur hraf adoüé, *un point*

d'eguille [**nadoz,** bas vannet. **nadoé**] pl. **adoüéyeu** [**nadoziou**].

aelĕ, *ange,* pl. **aelé, aelèt :** aelĕ mat, *ange gardien, bon ange* [**eal,** pl. **eled, elez**].

aere, [pl.] **aírét,** *couleuvre, vipere* [**aer, aered**].

[**aerevant**] : en acrevant, *Satan* [**ae- rouant**].

aes, *aise, facile, aisé, qui est à son aise :* groeit en hou ais, *faites à votre aise* [**eaz, aez**].

aesemant *ou* **aísement,** *commodité, facilité.*

aespic, *aspic.*

aessat *ou* **aissat,** *faciliter.*

aeste, *aoust, recolte* [**eost**].

affrontein, *affronter, tromper.*

affrontér, *affronteur.*

affrontereh, *affronterie.*

ag, *de* [devant les voyelles] : ag er peen hed en treit, *depuis la tête jusqu'aux pieds.*

agonie, *item en françois.*

aguile, *à reculon :* ar me hile (*pour la premiére personne*) [**a-gil**].

ahéle, *aissieu* [**ael**].

ahét : *v.* **a** *et* **hét.**

aheurtance, *opiniatreté, entétement* [**aheurtein**] : him aheurtein, *s'opiniatrer.*

aheurtét, *mutin.*

ah foui, *ah fi* [**ac'h foe, foei**].

ahioh *ou* **ayoh :** *v.* **a** *et* **yoh.**

aibre *ou* **aivre,** *le firmament* [**oabl**].

ailetteen , pl. **ailaitenneu,** *airette , planche de jardin.*

aivreine, [pl.] **aivreneu,** *réve* [**huvre,** bas vannet., corn. **hüvre**].

ayvrénein, *réver, faire des châteaux en Espagne.*

al'ou aral, *autre :* en al, en eral, pl. **er real** [**all**].

alamantés, *amande, fruit :* ur huen ala- mantés, *amandier* [*un arbre d'amandes*].

[**alet**] : ur veüoh alét, *vache qui a veslé* [**hala, ala,** *vêler*].

aleurage, *dorure :* soul aleurét, *vermeil doré.*

aleurein, *dorer,* **aleurét,** *doré* [**alaouri**].

alhüé, *clef* [**alc'houez**].

alhüéein, *fermer à clef* [**alc'houeza**].

aligein, *accommoder, ageancer, raccom- moder :* aligein ën tàn. *tisonner le feu.*

[**alum**] : men alum, *de l'alun.*

alyson, *aumóne* [**aluzenn**].

ama, *eh bien.*

aman, *ici :* aman derlhüé, *ici dessus.*

amarr, pl. **amarreu,** *amarre, cordage de vaisseau, lien en terme de marine.*

amarrein, *amarrer, lier avec des cordes.*

[**ambridein**] : him ambridein, *se rengorger* [**ambrida,** corn.].

ambruc, *conduire* [bas-vannet., léon., **ambrouc**].

améen, *ainsi-soit-il,* en breton comme en latin.

aménein, *abattre la voile :* aménét er goüelieu, *abaissez les voiles.*

amerhein, *épargner :* [*v.* **armerh**].

amésec, *voisin,* [pl.] **amision :** hantein en amésion, *voisiner* [**amezec, ame- zeien**].

amésigueh, *voisinage, proximité* [**ame- zegiez**].

amésigués, *voisine* [**amezegez**].

amonen, *beurre;* pod amonen, *pot à beurre* [**amann, amanenn**].

amonénaour, *beurrier.*

amorétèt *ou* **amorétét** (1), *le regret de manquer de quelque chose au souvenir du bien que l'on ressentoit dans sa pos- session.*

amourustét, *folles amours.*

ampert *ou* **apert,** *actif, éveillé.*

ampés, *empois.*

ampoignein, *atteindre, attraper.*

a[m]potiéson *ou* **potiïson,** *du poison.*

amprehon, [pl.] **amprehonnét,** *toutes sortes de bêtes vénimeuses* [**amprevan**].

amzér, *saison, temps :* amzér ancien, *autrefois, ancien temps;* amzér neüé, *printemps, temps nouveau;* gounit amzér, *temporiser, gagner du temps.*

anaouein, *connoître;* anaouèd é gued en ol, *tout le monde le connoit* (**anaout.**]

____

(1) *Sic :* Cillart : *amortartt.*

anaüdigueh, *connoissance, intelligence, reconnoissance* [**anaoudegez**].

ancien, *vieux, ancien;* ancien tadeu, *ancestres, anciens peres.*

ancoat, ancouéat, *oublier* [**ancounac'haat**; trég., corn. **ankouat**].

ancombrus, *massif ou emb[a]rassant.*

ancrage, *mouillage* (terme de marine).

andaivrec, [pl.] **andaivraigui,** *le grand fumier* [**ai** = **ę**].

anderhüe, *la vesprée, l'après-diné* [corn. **enderv,** baut-corn. **inèro**].

anehou, *de lui* [**anezan, aneza,** bas-vannet. **anehö**].

aneoét, *le froid;* **anoédec** *ou* **aneouedec,** *frilleux;* **anoédein,** *froidir, refroidir;* **anoedadur,** *froidure.*

anéval, *animal, bête, pecore;* ou autrement **enéval.**

angagein, *hypothequer, engager.*

anguilletten, *eguilette.*

[**anho :** *v.* **deure**].

annean *ou* **anneen,** *enclume* [**anne, anneo, annev;** haut-corn. **ãnuf**].

annoer, *genisse* [**ounner, onner;** haut corn. Faouët **inoar**].

anquein, *chagrin, angoisse, peine, affliction;* **anqueniein,** *chagriner, affliger;* **anquénus,** *chagrinant, affligeant* [**anken, ankeniuz**].

anqueu, *fantome qui porte le coup de la mort* [**ankou**].

anstu, *vermine;* berüein a anstu, *grouiller de poux* [**astuz**].

ant, pl. **andeu,** *les rais ou rayons d'un sillon* [**ant, anchou**].

antandét, *expert, habile, un prud'homme.*

[**antré**] **:** en antré, *l'orifice, l'entrée.*

antrenos *ou* **en-ternos,** *le lendemain* [**antronoz**].

anüedigueh, *maturité* [= **ãẅedigeh**].

anüéein *ou* **anvédein,** *meurir.*

anüét, *meur* [**haŏ, hāv, mür**].

aouit, *enflure aux mains ou mal aux yeux.*

aourn, *poignet,* pl. **aourneu** [**azourn, arzourn**].

apotum *ou* **gor,** *abcès, apostume.*

appartenein, *apartenir.*

appel, *idem;* jugein hemb appel, *juger prévotablement, en dernier ressort.*

aquebutte, *fusil.*

aquipein, *équiper;* **aquipage,** *équipage.*

aqüitte, *acquit, quitance.*

ar, *sur, dessus* — ar been, *au-devant, à la rencontre :* monet ar been unan benac, *aller au-devant de quelqu'un* [**var, voar, war**].

araim, *airin* [**arem, arm**].

arat *ou* **arein,** *charüer.*

arbeennein, *bien mènager ce que l'on a pour l'avenir.*

arbouill, arbouille[i]n, *épargner, ménager* (sans avoir égard au temps avenir) [**arboell**].

[**ardant**] **:** guin-ardant, *eau-de-vie* (on le dit aussi comme en français).

ardran, *derrière, en trousse* — teen ardran, *differer, reculer, tirer en arrière* — en diardran, *le derriere* — eu diardran ur jau, *la croupe d'un cheval* — aziardran, *par derrière, de derriere* — ar me zran, *derriere moy* — ar te dran, *derriere toy* — ar é dran, *derrière luy* — ar hé zran, *derriere elle* — ar hun tran, *derriere nous* — ar hou tran, *derriere vous* — ar ou zran, *derriere eux* — ardran en ti, *la basse-cour, derriere la maison* [**adre, adreõ,** bas-vannet. **adräẅ**].

ardro, *autour :* ar me zro, *autour de moy* — ar he dro, *autour de toy* — ar é dro, *autour de luy* — ar hé zro, *autour d'elle* — ar hun tro, *autour de nous* — ar hou tro, *autour de vous* — ar ou zro, *autour d'eux et d'elles* — tro ha tro dem zi, *tout autour de ma maison* [**war-dro**].

arequin, *a reculon, a rebour* [Cillart : **a-requin**].

arère *ou* **arraire,** *charüe* [**arar, alar,** pl. **erer, eler**].

argant, *argent;* liu-argant, *vif-argent* [**arc'hant; liverjant, viverjant**].

argourét, *un foret.*

argouvrein, *dotter* [**argouraoui, argoulaoui**].

argouvreu, *dot* [**argouraou, argoulaou**].

arguilein, *reculèr* [*v.* **aguile**].

[**arh**] : un arh, *une espece de coffre* [**arc'h**].

arh : *v.* **garh.**

arhel, *arcange* [**arc'hel**].

arhescob, *archevêque.*

arhuerhein, *offrir de la marchandise pour en sonder le prix* [cf. gallois **arwerthu**].

ari, *attache, lien, garot;* [*pl.*] **arieu** [**ere ; ereou**].

ariein, eriein, *lier, garotter;* arilore [*ere-loer,* jarretière], *jarlière, ou* **ariguel lore.**

arlehuein, *raccommoder, rafraichir un outil.*

armelér, *armoire,* pl. **armelérieu,** [**armel**].

armerh, *ménagement, épargne,* [pl.] **armerheu;** *ménager ce qui a été mis entre vos mains :* v. **amerhein.**

[**aros**] : aros ul lestre, *la pouppe d'un vaisseau :* é aros, sa, etc.

aroüarec, *oisif, de l'oisir.*

aroüarigueh, *oisiveté.*

arrage, *rage.*

arraucat *ou* **inrauquat,** *avancer* [**araoc,** *avant*].

arré, *encore, de rechef.*

arrëbad é (1) (*adverbe*), *je ne saurois qu'y faire* [**arabad eo,** *il ne faut pas*].

arrés, *arres, airres.*

arreste, *arrêt, empéchement.*

[**arrestein**] : arrestein gounidion, *loüer des journaliers.*

arrestemant, *empéchement.*

arriv', arrivein, *aboutir, arriver :* arriv ér porh, *surgir au port.*

artifice : tán artifice, *feu gregois, d'a[r]tifice.*

arvar, *doute :* ned dés qued arvar, *il est ainsi;* [*il n'y a pas de doute*]; boud en arvar, *balancer, être en doute.*

ascourn, *os et noyau de fruit,* pl. **esquern.**

ascourn boedennec, *savouret, os moulier.*

ascournic, *osselet.*

asenés, *asnesse,* pl. **asenesét.**

[**asenn**], *asne,* pl. **ésenn.**

asennic, *asnon.*

asquel, *aile,* pl. **esquel** *ou* **divasquel**(2).

assai, *tentative, essay.*

assaïein *ou* **assaï,** *essayer, tacher.*

assaïour, *essayeur.*

assiettë, *assiette,* pl. **assietteu.**

assolven, *absolution* [**absolven**].

assortein, *appareiller, assortir.*

assortour, *appareilleur.*

assottein, *aballourdir, abestir.*

assottét, *imbecille, etourdi.*

assoupein, *chopper, retomber.*

astennein, *étendre, allonger, prolonger :* ur jau astennét mat, *un cheval bien allongé.*

astissein, *exorter.*

astizein, *attiser, exciter.*

atahin, *aggression (ou plú-tôt) noise.*

atahinein, *attaquer, agasser.*

atahinour, *agresseur, etc.*

atersein *ou* **atterse,** *s'enquerir, s'informer.*

attrappe *ou* **attrapein,** *happer, atteindre, attrapper.*

attrete, *ongan* (Cillard donne *antraete*).

[**attuem**] : subenë attuem, *souppe réchauffée* [**astomm**].

aublige, *cédule, billet d'obligation.*

aüel *ou* **ahuél,** *vent;* ahüel bis, *bise, vent de bise;* un tarh aüel, *houragan;* aüelen, aüel dro, *tourbillon;* aüel nort, *vent de nord;* aüel ardran, aüel larg, *vent arrière.*

aüelein, *éventer.*

aüélet, pen aüelét, *éventé, tête legere.*

auguait, *une herce* [**oged, hoged**].

aüguein lin, *roüir du lin* [**eógi**].

---

(1) Ecrit *arrëbadé.*
(2) Original *diavesquell;* Cillart : *divasquell,* bas-vannet. *dinwĕsçll.*

ausein, *accomoder, radoubér* [**aoza**].
[**aut**, *rivage*, bordenĕ en aud, *le rivage*]
[**aod**].
auzein, *accommoder, parer, orner.*
auzilleu, *ozier,* pl. **auzill.**
[**avai**] : un avai, *un attelage, attirail*; un
avai·vat, *un bon harnois.*
aval, pl. **avaleu,** *pomme*; aval punsec,
pomme Calville.
avalen *ou* **avalec,** *pommier,* pl. **ava-
legui**; avalen coudasq, *pomme sauvage.*
avaman, avama, *d'icy.*
avançein, *avancer*; un avançe, *id.*
avantage, *id.*
[**avat** : *v.* **devét**].

[**aveent**] : en aveent, *l'Avent.*
avenant, *agréable, avenant.*
aviel, *Evangile.*
aviéliste *ou* **aviélour,** *évangéliste.*
avisét mat, *sage, prudent, prévoyant.*
avoultren **güen,** *arbre sauvage, sauva-
geon.*
azéein, *asseoir* [**azéza**].
azelhüé *ou* **azialhué, azerlué,** *d'en
haut* [*v.* **lué**].
azenn : *v.* **asenn.**
aziabarh : *v. a.*
aziabel : *v. a.*
azianvés : *v. a.*
azourn, *le poignet* [*v.* **aourn**].

<h1 style="text-align:center">B</h1>

babourh, *babor*; **stribourh,** *stribor*;
portelof, *plabor* [**babours**].
badaillat, *babiller* [**bazaillat**].
badéein, *batiser* [**badeza**].
badien, *bâtéme,* [pl.] **badienteu**; goüil
er vadient, *la fête des Rois* [**badisiant**].
badin, **badinour,** *badin, purrile* (plus
françois que breton).
badinage, *puerilité, badinage.*
bag, bac, *batteau* : ur vàc, *un batteau.*
bagage, *toute sorte de canaille.*
bagat, *battelée* : ur vagat.
baguenaud, *badaut.*
baguenaudage, *nigauderie*; **bague-
naudal** (1), *nigauder, badauder.*
baguic, *petit batteau* : ur vaguic.
bah, *bâton* : ur vah; **peen bah,** *gourdin*
[**bas, baz**].
bahat, *bâtonnade, coup de bâton, fusti-
gation*; ur vahat; [pl.] **bahadeu.**
bahatat, *fustiger* [**bazata**].
[**bahét**] : un deine bahét, *un homme in-
terdit.*
bah-tillat, *battoir* [**baz-dillat**].
bailloc *ou* **mailloc,** *menton* [bas-vannet.
baloc].

bailloc, *baquet.*
bajol *ou* **bachol** ur marh, *la ganache
d'un cheval* [**bakol, bajol, bachol**].
balbein, *alterer* (quelques-uns n'a-
prouvent pas ce dernier mot); balbe-seh,
toújours alterré; balbéd on guet sehét, *je
meur de soif.*
balbousein, *bredouiller, barbouiller,
begayer, badiner* [**babouzat**].
balbousér, *begue, bredoüilleux, barbot-
teux.*
balen, *baleine.*
[**baleoh**] : ur baleoh de baluhat couharh,
un paisseau pour paisseler du chanvre
[*v.* **paluh**].
balibous, *bousilleur, barboüilleur.*
balibousage, *barboüillage, bousillage.*
balibousein, *bousiller.*
baluh : ur baluhĕ, *paisseau, échalas*
[*v.* **paluh**].
bâmein, *endormir de contes, ensorceler*
(bas-vannet. **boémein**).
bamizon, *vertige (point en usage).*
bâmour, *enchanteur.*
bandenĕ, *troupe, bande, assamblées;*
dastum a vandenneu, *attrouper.*

____

(1) Ecrit *brguenaudal.*

[banë : *v.* **banel**].

baneh, banic, *goutte,* pl. **banigueu**
[**banne**].

banel, *fenestre, volet de fenêtre :* ici ur
banë, *fenestre.*

baniel ul lestre, *pavillon, baniére.*

bann, *banie,* pl. **banneu.**

bannein, *banir.*

bannein, *chanceler, emporter sur l'autre
dans l'équilibre* [**banna**].

bann nét, *écheveau de fil* [bas-vannet.
bann neud].

bàous, *baveur.*

baousein, *baver.*

bara, *pain ;* bara go, *pain levé ;* bara cri *ou*
cré, *pain qui n'est pas levé ;* bara bourre,
pain qui n'est pas cuit ; bara gris, *pain
bis ;* bara gueneh, *pain de froment ;* bara
chuene, *pain blanc ;* bara blen-oh-vlaim *ou*
caigét, *pain métif ;* creüen bara, *croûte de
pain ;* brehonnen bara, *miette de pain ;*
bara can, *pain-à-chanté ;* bara hemp goel,
pain sans levain.

baraer, *ici* **pobér,** *boulanger.*

baraoüis *ou* **baradoes,** *paradis* [**baradoz,** haut corn. **barous,** bas-vannet. **paradoes**].

barat, *giboulée, ondée,* [pl.] **baradeu :**
a varadeu, *par ondées,* barat glaü, *ravine ;*
barat harnan, *orage, tempéle,* à Sarzeau
[**barr, barrad**].

barbouillage, *grifonnage, barboüillage.*

barboüillein, *grifonner, machurer, barboüiller.*

[**bare :** ur bare bonal, *une branche, un
morceau de genest*].

barguignal, *vetiller, barguinner.*

barléen, *giron* [**barlenn ;** bas-vannet.
barlõn].

barnein, *juger, se dit aussi en breton
comme en françois à Vannes.*

barnér, *juge.*

baron *ou* **bairon,** *poéle à frire,* pl. **baronneu** [= **peron,** cf. **pelon,** basvannet. **poelon**].

baroüil, *barot, baril, coque.*

barre ressin, *grappe de raisin* [**barr**].

barrein, *barer, barrioler.*

barren argant, eure, *lingot d'argent, d'or.*

barric ressin, *grapillon ;* ur barric.

barriel, *garde-fou, barrière.*

[**barriere** :] er barriere, *la herse d'une
ville.*

barrot, *rangeot ;* à Aradon, etc., **péléstre**
ou **bailloc.**

barü, *barbe :* er varü ; barü er gué, *mousse :*
voyez **quivini** [**baro, barv**].

barüec, *barbu ;* coh barüec, *vieux barbon.*

barüen, barüennic, pl. **barüennigueu,** *fibres.*

[**basen** :] ur basen, *une marche de degré,
un échalier* [= **pasen**].

bassette *ou* **bréchette,** *escabeau, tabouret, placet.*

bastroüillein, *barboüiller, machurer.*

bastroüillér, *barbouilleur.*

bataillal, *brailler.*

bataillour, *brailleur.*

baü, *bave :* er vaü.

bauche, *piece pour rire, faire piece à
quelqu'un,* pl. **baucheu.**

bayë, *étonné, ébahi.*

bean *ou* **buonë,** *vite, preste, promptement* [**buãn ;** bas-vannet. **biõn**].

[**beau** :] coet beau, *bouleau* [**bezo**].

[**béd** :] béd on, *jusqu'à moy ;* bed out, *jusqu'à toy ;* béet ou, *jusqu'à luy ;* bed omp,
jusqu'à nous ; béd oh, *jusqu'à vous* [**bet,
bete**].

bédélë, *jatte,* [pl.] **bédélieu** [= **pédel ;**
cf. **pezel**].

bédéliat, *jattée.*

bée, *tombeau, fosse pour enterrer, sepulture, sepulcre* [**bez**].

beec, *bouche, pointe, orifice ;* béec clos,
chut, ne dites mot, bouche fermée ; beec
digor, *gueule beante ;* beec fourne,
*beant, gueule beante, embouchure de
four ;* beec oh vec, *téte à téte ;* ur goms bec
oh vec, *un téte à téte ;* beec carrec, *pointe
de rocher ;* beec lai, *badaut* [*bouche dè
veau*] ; beec luem, *mauvaise langue ;*
beec moenë, *pointe, pointu, petite bouche.*

béein, *noyer, abîmer, ruiner ;* him véein,

se noyer [**beuzi**; bas-vannet. **beuein** = **böein**].

been : ☞ a.

bégat, *bouchée*; ur bégat bras, *une gueulée*; ur bégat butum, *un morceau de tabac en machicatoire.*

béguec, *benais.*

béguellat *ou* **beguelliat**, *béler* [**bégéliat**].

beguil cof, *nombril* [**begel, begil**].

beguin, *deüil ou soufflet de forge*, pl. **beguiaieu** [**megin**, *soufflet*].

béh, *fardeau, poids, accablement, un fais* [**beac'h, bec'h**].

bëhin, *goesmon* [**bezin, bizin**].

bèlec, *prêtre*, pl. **ër veleïon** *ou* **bailean** [**beleien**].

beledigueh *ou* **bèleguiah**, *prêtrise*; en urh a vailéguiah, *l'ordre de la prêtrise.*

bellenë : *ploton* [= **pellen**].

bénac, *quelque*; unan bénac, *quelqu'un*; ur ré bénac, *quelques-uns* [= **penac**].

bénieu, *musette des champs* [**biniou**; bas-vannet. **bignaou**].

beniguein, *benir* [**benniga, binniga**].

[**beniguét**] : ur mein beniguét, *une pierre benite ou une pierre d'autel.*

benoeh *ou* **benoh**, *benediction* [**bennoz**].

benüec *ou* **benhuec**, *outil de ménage*, pl. **benhuiguer** [**benvec, binviou**].

bêrdêt, *briéveté.*

berguessadur, *rot.*

berguessat, *rotter* [bas-vannet. **bregessat**].

berh : v. a.

berhonnenn, pl. **berhon** *ou* **berhonneu**, *miettes* [v. **brehonnein**].

berhuidant, *tout boüillant.*

[**bernein**] : bernein a ra din *ou* vernein, *il m'importe* [**bernout**].

berpét, *toûjours* [**bepret**].

berradur, *abréviation, accourcissement.*

berrë, *bref, court, ras, succint*; e berrë, *succintement*; in beerre, *en peu* [**berr**].

berrein, *accourcir, abreger, appetisser.*

berrour, *abréviateur.*

berü, *bouillonnement* [**berv**].

berüant, *bouillant.*

[**berüein**] : berüein a amstu, *grouiller de poux* [**birvi**].

berüic : berüic goet, *ébullition de sang.*

Berzaus, *Angleterre* [**bro-Zaoz**].

berzein, *défendre, empécher, se moquer, repouquer* [**berza**].

besquen, *un dé à coudre* [**beskenn**].

bét : er bét, *le mande, l'univers.*

bét, *soit* [3ᵉ pers. s_g de l'impératif].

béta, *jusques-à*; bèta Güinét, *jusqu'à Vannes*; bét-i, *jusqu'à elle*; bét-ai, *jusqu'à eux ou à elles* [bas-vannet. **bita, bitag, bidic**; cf. **beteg**].

béüançë, *nourriture, aliment, rafraichissement, provision, mangeaille* [**bevâns**].

bicle, *loûche*, à Aradon, loüiss; deulegat bicle, *des yeux louches, ou louiss.*

biés *ou* **bieseen**, *bricolle, biais, tour d'adresse*, pl. biesenneu; é biés, *de guingoi*; a viés, *de biais, de travers, indirect, indirectement*; é contre-biais, *à contre-sens.*

bièzein, *bricoler, biaiser, tergiverser.*

bigottage, *bigotterie.*

bigotte, *bigotte, sœur bigotte*, [pl.] **bigottét.**

bihan, *petit, peu*; gounit bihan, *gagne petit, grimeliner.*

bihandêt, *petitesse, modicité.*

[**bihannan**] : der bihannan, *tout au moins.*

bihannat, *appetisser, racourcir, rallentir.*

bihannoh, *moins, moindre*; cals bihannoh, *beaucoup moins.*

bihel doüar, *terrine* [**biel** et **bidel**]. •

bili, mein-bili, *grais, pierre douce*; pot bili, *pot de grais.*

bili, *droit du démon* : bili ën des en Diaule ar en Diaule, ar en Deine zé, *le démon a pouvoir (sur le diable) sur cét homme.*

bilic *ou* **belic**, *bassin* [= **pillik**].

bill, *baillon, courte paille*, pl. **billeu.**

billein, *baillonner, tirer à la courte paille.*

billon, *trique, rondin,* pl. **billonneu.**

[bin] : mein-bin *ou* **benŭ,** *pierre de taille.*

binein *ou* **bénein** meinŭ, *tailler de la pierre:* beinein er huiniec, *tailler la vigne* **[bena].**

binieu, *haubois, musette de campagne.*

binour mein, *tailleur de pierre.*

biouil, *petit morceau de levain.*

bir, *flèche, broche;* er bir, *la broche,* pl. **bireu [ber].**

bir, *biere,* bire double. *biere double.*

birein, *fluer, couler, ruisseler, suinter, suppurer* **[bera].**

bireu, *des pointes de douleurs, coliques passionnées* [bas-vannet. **béraou** [*v.* **bir].**

birhuidic, *pepie.*

birhuiquein, *jamais (pour l'avenir)* **[birvikenn].**

birous, *fluide.*

bis, *doit,* pl. **bisiét;** bis en troët, *orteil,* en eil bis, *l'index;* aüél **bis,** *vent du nord.*

biscoeh, a viscoeh, *de temps immémorial, jamais, oncques* **[biscwaz].**

[bistanté : corn a bistanté, *corne d'abandance, v.* **corn].**

biuenŭ, *lisiere;* **bihuenŭ miér,** *la lisière d'un drap* **[bevenn].**

biv [bihuŭ] : gleü biv, *breise [charbon ardent];* doüar biv, *terre glaise;* bihuŭ quel, *tout vif;* liu biv, *couleur vive* **[beo].**

bizeü, *bague, anneau à chaton, car* quand *la bague est toute unie, il y en a qui* disent goaleen, ur hoaleen; [pl.] **bizeüeu [bizou, bezou].**

bladeen, *tourteau plat;* ur bladeen, pl. **pladenneu [= pladeen].**

blai *ou* **blé,** *an,* pl. **bleïeu [bloaz].**

blanc : ur blanc, *un sol.*

blas, *odeur, goût;* goal vlas, *pesanteur;* guet blas, *puamment,* blas à huin, *vineux, goût ou odeur de vin.*

blasér, *puant.*

blashoarh, *souris, un souris.*

blashoarhein, *sourire* [cf. **glaz-c'hoarzin].**

blassat, *odorer, avoir odeur.*

[blayeu] : sul ŭr blayeu, *Páques fleuries* **[bleüiou, bleuniou].**

bleaouenn, pl. **bleau,** *cheveux* **[bleo].**

blèat, *année, récolte* **[bloasiad].**

bleauhuigeu, *cheveux naissants.*

bleguenn, *un morceau de bois courbé pour un ance de panier, ou, etc.* [=**pleguenn].**

blehenn, *une séparation de bransages entortillez l'un dans l'autre, une haye de bois entrelassez;* pl. **plehenneu [= plehenn].**

blei, *loup,* [pl.] **bleiŭi;** blei carnagér, *loup ravissant* **[bleiz, bleizi].**

bleidét : un déen bleidét, *loup-garou.*

bleïés, *louve,* [pl.] **bleïézét.**

bleigeal *ou* **bleigein,** *rugir* **[blejal].**

bleigereh, *rugissement.*

blème, *défait, pâle;* ur façe blème, *visage pâle.*

blesse, *playe, blessure,* à Noyal-Pontivy.

blessein, *blesser.*

blèt, *farine;* blet flour, *fleur de farine;* er ũnan és er blèt, *fleur de farine;* blet querh, *farine d'avoine* **[bleud].**

bleu : *v.* **bléüen.**

bléü, *le mois des femmes, leurs regles,* pl. **bléüeu** [*v.* **bléüen].**

bleüec, *chevelu, velu* **[bleoc].**

bléüein, *fleurir.*

bléüen, *fleur d'arbre,* pl. **bleu** *ou* **blehuenneu [bleüenn, bleü].**

bléüigueu, *fleurettes, petites fleurs.*

bléyic *ou* colin ur blei, *louveteau.*

bligeadur : *v.* **pligeadur.**

blin, *bout, l'extrémité de quelque chose;* quemerét ean dré er blin, *prenez-le par le bout* **[bleina,** *conduire].*

blinguadel, *clin d'œil* [gu = g].

blingueal [*ou*] **blingu[e]in,** *bicler, fermer un œil.*

blocein un aval, *meurtrir une pomme* [c = s].

blodein *ou* **blotat,** *amollir, meurir.*

bloh, *tout.*

blossat, *rompre les mottes des sillons, labour qu'on fait au mois de mars.*

blot, *meur, mol, mou.*

[blotteen] : ur blotteen, *bosse, balle, un ploton* [= **plotteen**].

bo, *si, siffait* [futur-subj., 3ᵉ pers. sing.].

bocen, *peste, épidémie;* er vocen [**bosen**].

bocér, *boucher.*

bocereh, *boucherie, écorcherie.*

[bocq] : ur bocq, *un baiser* [= **poc**].

bocquein, *baiser.*

bodat, *giboulée, touffe,* [pl.] **bodadeu.**

boedèc, *succulent.*

boédét mat *ou* **bouidét mat,** *plantureux, substantiel.*

boéiste, *boîte;* ur voéiste.

boéne : *v.* **poéne.**

boèt *ou* **bouit,** *mets, nourriture, mangeaille;* boèd ĕr groug, boed er gordeen, *pendant, traine potence.*

boeta *ou* **bouita,** *nourrir, paître;* boeta ur pichon, *donner la bechée à un oiseau.*

bohal, *coignée* [**bouc'hal**].

boillenë, ur voillenë, pl. **boilleu,** *les boyaux, les visceres, entrailles* [**bouzellenn, bouzellou**].

bointel, *paneau,* ur bointel, [pl.] **pointelleu** [*v.* **poenteel**].

bolzenë, *fente d'une muraille.*

bolzennein, *crevasser;* ur vangoir bolzét, *un mur crevassé.*

bombançe, *piaffe, réjouissance.*

bonal *ou* **bënal; bonalen** [sing.], pl. **bonal,** *genest* [**balan**].

[bonalec] : ur bonalec *ou* ur velanec, *un champ planté de genest;* ur bare bonal, ur bonalen, ur vrincene bonal, *une branche, un morceau de genest.*

bonn, *borne,* pl. **bonneu** [haut corn. Faouët, **min-bont,** *pierre bornale*].

bonnein *ou* **plantein** bonneu, *borner, mettre des bornes.*

bonnêt *cornec, bonnet carré.*

boquette, *fleur de parterre, bouquet,* pl. **boquetteu;** boqueteu merh, *violette, bouquets de mars;* boqueteu à hoüé, *prime-vere.*

bordenë ĕn aut, *le rivage.*

boscart, pl. **boscardét; taraq,** pl. **taraguét,** *petite bête, comme une punaise qui s'attache aux chairs par un éguillon; les vaches, lièvres, etc., les ramassent.*

bosséc, *bossu.*

bot, *brossaille, buison, haye, brousse, touffe;* bot drein, *brousse d'epine;* bot sperne, *brousse d'épine blanche;* bot coèt, *brousse de bois;* bot lan, *brousse de lande.*

botelleenë, *botte de foin, de paille,* etc., pl. **botellenneu.**

botés, bottés *ou* **botte couèt,** *sabot,* pl. **botteu;** botteu Capucinet, *chaussures de capucins, sandales;* coh botteu, *vieux souliers, savattes.*

bottel foën, *botte de foin.*

boüar, *sourd;* scoharn bouar, *sourde oreille* [**bouzar**].

boucel, *joue,* [pl.] **divoucel** [*deux joues, c = s*].

boucle, *maille, boucle.*

boueh, *voix,* [pl.] **bouehieu** [**moez**].

bouguenë, *joüe,* [pl.] **divouguenë** [*deux joues*] [*gu = g*].

bouguennec, *joufflu, grosse face.*

bouh : ur bouh, *un bouc;* ur hoh bouh, *un vieux bouc.*

bouhel *ou* **bouhal,** *hache :* cf. **bohal.**

bouillart, *orage, tempête.*

boüillenë, *boüe;* ur voüillenë dro, ur voüillenë à greine, *fondrière.*

boüillonnec, *bourbeux, crotté.*

boulenë, *boule, globe;* ur voulë.

boulge, *mouvement.*

boulgeant, *remuant, fertillant.*

boulgein, *remuer, branler, lacher;* boulgein munut, *fretiller.*

boulh ag ĕr bara, *la baisure, l'entameure du pain* [**boulc'h**].

boulhein, *entamer.*

boulic, *petite boule, petit globe.*

bourboutenë, *un teçon,* pl. **bourboutét.**

bourçè, *chercher* [Cillart : *pourcé* et *bourcé*].

bourçicot, *gousset.*

bourdeu : *v.* **bourt.**

bourdiguenĕ, *fondriére*, ur vourdiguenĕ, pl. [bourdi]**guennneu.**

bourdonnereh en discouarn, *tintement d'oreilles.*

bourdus : un den bourdus, *un donneur de colles, qui en donne à garder, diver-tissant.*

bourhis, *bourgeois*, [pl.] **bourhision.**

bourrein, *trouver beau, s'accommoder, se plaire.*

bourreŭein, *bourreller.*

bourrev, *bourreau*, [pl.] **bourrévion.**

bourt, *une colle, une bourde, une piece, mot pour rire, une frasque, pasquinade, plaisanterie*; bourdeu joyeus, *gaillardises.*

bout, *être* [haut-corn. **but**].

boutat, *une traitte.*

bouttein, *fourrer, ficher*; him vouttein, *s'immiscer*; him vouttein partout, *s'in-triguer, se faire de fête.*

bouzil, *excrement*, bouzil seut, *bouse de vache* [cf. **beuzel**].

bragal, *braver* [*faire le beau, porter de beaux habits*].

braguereh *ou* **braguerisse**, *afficuets, ajustemens, atours, piaffe, braverie.*

brainadur, *pouriture.*

braire, *frere*, [pl.] **berdér** [**breur, breudeur**].

brallein *ou* **braillein**, *pancher, se dit d'une chose qui est en l'air et a quelque mouvement comme un arbre qui pen-cheroit d'un côté plutôt que d'un autre* [**bralla**, *secouer*].

bram, *un pet*, pl. **brameu.**

bramein, *petter.*

bran, *corbeau, corneille*, pl. **braini** [pl. **brini**].

branc ressin, *grappe de raisin.*

brancagĕ, *branchage.*

brancellat, *brandiller, hocher, secoüer* [**bransellat**].

branquĕ, *branche*, [pl.] **branqueu**; branqueu ur velin; *ici* bréhyeu melin, *les ailes d'un moulin.*

bras, *grand*; bras un nebet, bras mat, brasic mat, *grandelet.*

brastêt, *grandeur.*

braŭe, *beau, joli* [**brao, brav**].

brazés : moŭes brazés, *femme grosse.*

brazezein, *engrosser.*

brechĕ, *bréche*, [pl.] **brécheu.**

brechein, *entamer, faire bréche.*

bréchette : *v.* **banette.**

[**bredér** : *v.* **braire** *et* **brer**].

brediah, *confraternité, frairie, con-frairie* [**breuriez**].

bregasse, *rot.*

bregassein *ou* **berguessat**, *rotter.*

breh, *petite verolle*, er vreh [**bréac'h, brec'h**].

breh, *bras* [pl.] **divreh** [*deux bras*]; breh mor, *bras de mer, golfe*; divreh ur velin, *les ailes d'un moulin* [**breac'h, brec'h**].

breh, adj., *de différente couleur* [**briz**, bas-vannet. **bric'h**].

brehaign' *ou* **marhaingn**, *femelle sté-rile, parmi les animaux* [**brec'hagn**].

brehaindér *ou* **marhaindér**, *sterilité, infecondité.*

brehat : ur vrehat, *une brassée* [**briad**].

bréhat *ou* **brihennat**, *mouchetter, prendre differentes couleurs* [**briza**].

brehatat, *embrasser* [**briatat**].

bréhét, *tavelé, mouchetté.*

[**brehonnec**] : er brehonnec, *le langage breton* [**brezonec**].

brehonnein, *broyer, émier, hacher* [**bruzuna**].

brein, *pourri.*

breinadur, *pourriture* [*v.* **brainadur**].

breinein, *pourrir.*

brellé *ou* **berlé**, *gueret, champ qu'on laisse quelque temps en pâture, une pâture joignant un champ labouré.*

[**breluttéc**] : deu lagat breluttéc, *la berlüe.*

bren, *jonc*, [pl.] **brenegui** (1) [**broenn**].

brène, **bren**, *son de farine, du son*; bren hesquen, *sciûre de bois* [*son de scie*].

brenec, *lieu plein de joncs* [**broennec**].

---

(1) *brenegui* est le pluriel régulier de *brenec.*

brentaal, brentat, *ici* **bertat,** *plaider, gronder, faire du bruit* [**breutaat**].

brentereh, *ici* **bertereah,** *plaidoyerie, bruit, etc.*

brepeenĕ, *un mélouer pour faire de la bouillie.*

brer, *frere ou confrere* [pl.] **breder;** caranté a vreder, *amitié fraternelle;* breder a vam, *freres uterins;* breder ag ur hoñat, *freres uterins* [**breur, breudeur**].

brerec, *beau-frere,* [pl.] **breregueu** *ou* **brereguét.**

bresél, *guerre, bruit, querelle,* pl. **breselieu.**

breséllécat, *faire la guerre, quereller.*

breséllein, *guerroyer.*

bresélour, *guerrier.*

bresq, *fragile, cassant.*

brezillat en deulagat, *siller les yeux.*

brigandage, *picorée, pyratterie, idem.*

brigant, *picoreur, mauvais garnement, idem.*

brinenĕ : ur vrinenĕ, *un brin;* ur vrinenic, *un petit brin.*

bro, *païs,* ur vro : [*v.* **Berzaus**].

broc, *buye, idem.*

broche coet, *un brin de bois.*

brodereh, *broderie.*

brogon, *éclair;* gober a ra brogon, *il éclaire.*

broh, *juppe, cotillon,* [pl.] **broheu;** broh vihan, *juppon de femme* [**broz**].

[**broh**] : ur broh, *un blaireau, un tesson,* pl. **brohét** [**broc'h**].

broncein, *boutonner, bourgeonner.*

broncenĕ, *bourgeon,* pl. **brons** [**brons, brous**].

bronĕ, *mamelle,* [pl.] **divronĕ;** bronĕ ĕr seut, ĕr guivre, en devĕt, *le pied* [*pis*] *d'une vache, chevre, brebis, etc.*

bronnat, *alaiter.*

bronnec, *oign, du vieux oign,* ur vronniguen [**blonec**].

broudein, *piquer, élancer.*

broudeu, *élancement, piqueure, remords.*

broudus, *piquant.*

brouill, *grabuge, embroüillure.*

brotüillét, *inquiet, embroüillé.*

brubenn, *puron,* pl. **brubenneu.**

bruchét, *le sein, convenant à l'homme et à la femme;* bruchet-beüein, *brechet de bœuf.*

brudein, *répandre des bruits, tympaniser, scandaliser.*

brudennein ur ouregeat eit na vourouillou quét, *croiser le fil sur la fuzée afin qu'elle ne se broüille point.*

bruhullereah *ou* **brullereah,** *rugissement.*

bruhun, *fragment* [cf. **brehonnein**]; bruhun ur herlĕ, *segment de cercle, liant* [**bruzun**].

brumen, *broüée, brouillard, ébloüissement.*

brumennein, *ébloüir, bruiner.*

brunellat *ou* **burhellat,** *rugir.*

brunellereh *ou* **burhellereah,** *rugissement.*

brusque, bruchet, *poitral* [**brusc**].

brusquereh, *brusquerie.*

brut, *bruit, réputation;* ur verh eu ó brut, *une fille à la fleur de son âge.*

brutal, *incivil, brutal.*

bugadein, *faire la lessive.*

bugaderés, *buandière.*

bugalé, *enfans,* au sing. **croidur;** poenĕ a vugalé, *mal d'enfant;* a vugaló, *dès l'enfance.*

bugât, *lessive, buée.*

bugul, *berger, gardeur de troupeaux,* [pl.] **buguelion;** bugul ĕr seut, er moh, *gardeur de vaches, de cochons* [**bugel**].

bugulés, *bergère.*

bugulic, *petit pâtre, pâtoureau.*

bugul-nos, *fantôme de nuit* [**bugelnoz**].

buhé : er vuhé, *la vie;* rein er vuhé, *animer, donner la vie* [**buez, buhez**].

buoh, *vache,* pl. **béüezét** *ou* **buhezét.** [**bioc'h, buoc'h, buc'h**].

burbuenn, *lentille du visage, éleveure,* pl. **burbuat.**

burette, *fiole.*

burhut, *presque.*
burhut, *prodige, miracle* [**burzud**].
burzun, *navette* [**burzun, bulzun**].

butum, *tabac.*
butunein, *fumer.*
butunour, *fumure.*

C

caban, *tente, cabane;* ur haban.
cabel, *chaperon;* cabel badien [*bonnet de baptéme*], er habel, *crémeau* [**cabell**].
cabelec, *aloüette,* ur habelec, [pl.] **cabelegui** [**cabellec,** *huppé*].
cabestrë, *licol,* ur habestre.
cabon, *chapon,* ur habon.
cabonein, *chaponner.*
cabonic, ur habonic, *un chaponneau.*
cachette, *cachet.*
cachettein, *cacheter.*
cadet : ur hadet noblesse, *juvegnieur.*
cadoer, *chaise,* ur gadoer [**cador**].
caer, caire, *beau;* tat caer, *ailleurs* tadec, *beaupere;* mam gaër, *belle-mère,* mamec; brer caer, *beau-frere,* brairec; hoüer gaer, *belle-sœur,* houairec; map caër, *beau-fils,* mabec; merh caër, *belle-fille,* merhec.
cah, *chat,* ur hah, pl. **quihér, er lihér** [**caz, kizier**].
cahein, *chier* [**cac'het,** bas-vannet. **cahet**].
cahés, *chatte,* ur gahés, pl. **cahezét** [**cazez**].
caï, *fossé, haye,* quand il n'est pas planté, car quand il est planté il se dit *garh,* ur *garh,* pl. **guerhér;** ur haï, pl. **caïeu, er haïeu** [**cae**].
caiein, caiat, *hayer* [**caea**].
caigeadur, *tripotage, mixtion, mélange.*
caigein, *méler, brouiller, tripoter, sophistiquer, frelatter* [= **keïjein**].
caige-meige, *péle-méle.*
caigereh, *mélange.*
caiget, *mixte, mélé.*
cainiec, *convexe, figure convexe, gros dos.*
cairat : im gairat, *faire sa cause bonne.*
cairdêt, *beauté.*
caire : [*v.* **caer**].

cairhen, *conte fait à plaisir pour rire,* ur gairhen.
calandér, ur halandér, *un cadran.*
cal a vern, *qu'importe* [probablement pour cals a vern : cals a vern pe réhét-hu, *il n'importe ce que vous ferez,* ap. Grégoire de Rostrenen, *Dict. fr.-bret.* : mot-à-mot : *beaucoup il importe! ou importe-t-il quelle chose vous ferez*].
caledenë, *durillon, calus, cor aux pieds, squirre;* ur galedenë.
caledigueh, *condensation, constipation.*
calét, *dur, ferme, fâcheux, rude.*
caletat, *condenser, endurcir, congeler, constiper.*
caletêt, *dureté, rudesse.*
calfetage, *radoub.*
calfetein, *radouber.*
calibre, er halibre, boulet a galibre, *bale de calibre.*
calon, *cœur;* a galon vat, *volontiers.*
calonat *ou* **tarh calon,** *creve-cœur, mal de cœur.*
calonnec, *courageux, vaillant, genereux, qui a du cœur, vigoureux, robuste.*
calonnus, *corroboratif.*
cals, *beaucoup, plusieurs;* cals bihannoh, *beaucoup moins.*
calvé, *charpentier,* ur halvé, pl. **quelvéyon** [**calvez, kilvizien**].
calvéat, *charpenter.*
calvereh, calvéhage, *charpenterie.*
cam : ur ham, *un boiteux.*
cambrat : ur gambrat, *une chambré*[e].
cambrë, *chambre,* ur gambre; pot cambrë, *pot de chambre.*
cam-digam, cam gourgam, *zic-zac.*
camein, *boiter, courber.*
campeen, *uni* [**kempenn**].
campeene[i]n, *unir, assortir, ranger.*

campouizein, *unir, niveller, égaler lorsqu'il s'agit de poids* [**compeza**].

camus, *camard, punais.*

camusel, *camarde, punaise.*

can, *coursiaire;* ĕn toul can, *la coursiaire d'un moulin.*

canderhuĕ, *cousin,* pl. **quenderhui** [**kenderv, kenderf, kendirvi**].

canĕ, gŭen canĕ, *beau blanc, bien blanc* [**cann**].

canĕ, *goutiere* [**căn**].

caneau, *toison,* ur haneau [**creŏ**].

cangre, *cancre,* [pl.] **cangrét.**

caniterhuĕ, *cousine,* [pl.] **caniteruézét** [**keniterv**].

canivét, *toile d'araignée* [**kefnidenn,** *araiynée*].

cann', *baterie, combat,* à Noyal-Pontivy.

cannĕ, *pleine lune,* er hannĕ [**cann-loar**].

cannĕ, *canne, bâton.*

cannein, *chanter.*

cannein divat, *battre cruellement,* à Noyal-Pontivy.

cannenĕ : ur gannenĕ, *une chanson.*

cannereh, *blanchisage.*

cannerés, *lavandiere, blanchiseuse* [**kannerez**].

canol, *canal, conduit, tube,* ur hanol; canol gŭer, *sarbacane.*

cant, *cent;* ur hant, *un cent;* ur hant pistoll', *une centaine de pistoles;* cant evit unone, *le centuple.*

cantuler, *chandelier,* [pl.] **cantulerieu** [**kantoler, kantolor**].

cantvét : ĕr hautvet, *le centiéme.*

canval, *chameau,* [pl.] **canvalet.**

canvein *ou* **gobér canveu,** *gémir, se lamenter.*

canveu *ou* **canneu,** *lamentations, gémissemens* [**căv, caŏ**].

caoŭen, [pl.] **caoŭennet,** *ici* **cohaŭĕ,** *chat-huant, hibou.* chohan [**cawenn**].

caoŭlein, *ici* vers Vannes **couaillein,** *cailler.*

[**caoŭlet**] : leah caoŭlét, *ici* **ceulét,** *cailli-*

botes; goet caoŭlet *ou* ceulét, *sang caillé* [**caouled**].

căpe : ur hape, *une chape, un pluvial, chappe et cappe.*

car, *parent,* pl. **querent.**

caranté, *amitié, affection, charité, amour;* caranté dal, *amourettes, folles amours* [**carantez**].

carantéus, *plein d'amitié.*

caranteusement, *amoureusement.*

carc, *charge,* pl. **cargeu.**

cardelat en doüar, *fumer la terre* [cf. gallois **cardeilo**].

cardi, *apanti,* ur hardi.

caréein unan benac, *blâmer, s'en prendre à quelqu'un* [moyen bret. **carez,** *blâme, reproche :* cf. **digarez**].

carein, *affectionner, aimer, vouloir* [**carout, caret,** léon., bas-vann., corn.].

carel, *belette,* ur garel; pl. **carelét** [**caerell**].

carell, *carillon, bruit.*

carellus, *riotteux, pointilleux.*

carét, *aimé, cher, agréable.*

cariquel, *tomberoau, broüetle* [**carrikell**].

carlosten, *ici* **carlochenn,** *perce oreille.*

carnagér : bleï carnagér, *loup ravissant.*

carnec : énéval carnec, *animal qui a de la corne aux pieds.*

carnel, *charnier, reliquaire, un saloir.*

carr, *charette,* ur harre, pl. **quiri,** er hiri.

carrat : ur harrat, *une chartée.*

carré : ur harré, un carreau, un carré.

carrec : ur garrec, *un rocher;* pl. **querrec,** er herrec.

carréein, *carrer* [**carréa,** *équarrir*].

carrereh, *carrelage.*

carrour, *charron.*

cart : ur hart, *un quart.*

cartat : ur hartat guin, *un pot de vin.*

caruec, *sauterelle,* ur haruec, pl. **caruedeu.**

carués, *sauterelle;* pl. **caruigueu** (1).

_____

(1) Écrit *caruigneu.*

carv, *cerf,* ur harv. pl. **quérui;** coet ur harv', *bois de cerf* [**caro, carv**].

carvan, coh carvan, *carogne, charogne.*

cas : ur has, *un cas;* er haseu, er hasieu royal, *les cas royaux;* caseu reselvet, *cas reservez.*

cas, cassoni, *aversion, animosité, antipathie, haine, rancune.*

casal, *aisselle, gousset,* er gasal, [pl] **casalieu,** er hasalieu; casalieu ur menair, *les ailes d'un manoir* [**casel; ann diou gazel**].

casec, *jument,* ur gasec, pl. **quésec;** hebelét é mé hasec, *ma jument a polliné* [**cazec; kezec, kezekennet**].

casec-coet, hébel-coet, *pic vert.*

casquét, *heaume.*

cassat, *hair,* etc.

cassë, *conduire, mener, envoyer, porter;* cassë de quet, *ruiner, conduire à rien;* cassë guet nerh, casse pront, casse a hep tu, *agiter, agitation;* casse ihuel, *hausser, envoyer bien haut.*

cassë, *casserole, lichefritte.*

casse er gouahiét, *batement du poux* [*des veins*].

castigein, *macerer, châtier* [**castiza**].

casul, *chasuble,* [pl.] er hasulieu.

catarre, *fluxion, pituite.*

catarus, *flegmatique, ou dangereux, fragile.*

cau, *cave,* er hau; pl. **caüeu,** er hauïen.

cavein, *trouver;* cavein de larét, *censurer.* [*trouver à dire;* **cavout, caout;** vannet. **cawit;** bas-vannet. **caouet**].

cavel, *berceau,* ur havel.

caulë, *choux;* ur gaulenë, *un chou;* ur gaulen pommét, *un chou pommé* caulë bleü, *choux-fleurs.*

caut groel, *coulis de gruau.*

cautér, *chaudière,* cauterc, pl. **cauterieu** [**caoter**].

cazi, *caziment, presque.*

cergatte : ër hergat, ur guergatenne, *coquillage* [**crogenn,** pl. **kregin**].

ceu, *profond, creux,* adj. [**kèo** .

ceuat, *approfondir, creuser;* er henhat, *le creuser* [**kevia**].

chabistre, *chapitre.*

chacheplousen, *chenille,* [pl.] **chacheplousét.**

chaden, chalen, chaingenë, *chaine.*

chadennein, cheingennein, *enchainer.*

chadennic, chalennic, cheingennic, *chainette.*

chagel, *machoire, mandibule* [*g = j* français].

chaguein, *ici* **chaquellein,** *mâcher* | bas-vannet. **chakein;** trég., corn. chaca, léon. **chaoka, chaogat**].

chalcein, *s'endurcir à force d'être battu par la pluye et le vent.*

chalchenë, *des pieces, des morceaux.*

chale : er chale hag en dichale, *le flux et le reflux.*

chalfaudein, *chafauder.*

chalfaut, *échafaut.*

chançë, *fortune, hazard;* chançe vat, *bonne fortune.*

chançus, *heureux.*

channoini, *chanoine, canonicat;* pl. **channoiniét,** *chanoinnage.*

chantel : ur chantel bara, *un chanteau de pain.*

charein tro ha tro, *entourer, investir:* v. **cherrein.**

charonce, *vesse* [**charons**].

charonchat, *ici* **chourriquein,** *grincer.*

charonchereah, *ici* **chouriquereah,** *grincement.*

charré, *charois, voiture.*

charréein, *charroyer.*

chasse, *des chiens* [**chas**].

chauffette, *un réchaut.*

ché, chetu, *voici, voilà* [cf. **chede sede; chetu, setu**].

chéléüein, *écouter avec attention, prêter l'oreille* [**chelaou, selaou;** bas-vannet. **chelaou**].

cheminal, *cheminée.*

[**cher**] **:** cant cher, cher é pep' facon, *toute sorte d'amitié et de bonne reception.*

chere, *chere, amitié, caresse.*

cherissein, *caresser, faire chere.*

cherrein, charrein *ou* **sairrein,** *ramasser, cueillir, fermer* [**serra, sarra**].

chétal, *toute sorte de bétail en général, tant au singulier qu'au pluriel* [**chatal**].

chetu, *voila.*

chéuéch', er chéuéch', *la fresaye.*

chiffë, *chagrin, déboire* [vannet. et corn.].

chiffein : him chiffein, *s'affliger.*

chiffét, *marri, fâché.*

chiffus, *pleuront, chagrinant;* un dra chiffus, *une chose affligeante.*

chifrauden *ou* **chiquenauden,** *nazarde.*

chipotat, *vetiller, chipoter.*

chiquein , chiquereah , *meurtrir , meurtrissure* [**chica,** *piquer ou tailler la pierre*].

chomable, *sedentaire*

chomagë, *demeure, chomage.*

chommein, *demeurer, loger.*

chongë, *pensée.*

chongein, *penser* [**sonjal**].

chongeûs, *pensif.*

chouq : en é chouq, *qui est assis* [cf. **soug**].

chouquein, *s'asseoir.*

chrichen, *chrétien,* ur richen, pl. **chrichenion,** à Aradon; christeine. ur richan, pl. **christenioue,** à Noyal-Pontivy [rh initial = k] ; el ur güir grichen, *chrétiennement, en bon chrétien* [**cristen, cristenien**].

chugon, *pressis, suc, jus, recette;* chugon clugyar, *jus, pressis de perdrix.*

chuguein, *succer, mâcher.*

cizaille, cizailleu, *ciseaux.*

claï, *fossé, claye;* ur hlaï, pl. **er hlaïeu** [**cleuz;** bas-vannet. **cleu**].

clan, *malade;* qui clan, *chien enragé* [**cläv, claõ;** bas-vannet. **cläw**].

clanus, *maladif.*

claouein, *miner, pier, creuser, approfondir, fouir* [**claza**].

clasque, *chercher, s'enquerir;* clasqu' en tu, *moyenner, chercher un expédient.*

clasquour, *un gueux, mendiant.*

clàu, *neud courant* [**clao, clav**].

clean, *glaive, épée,* ur glean [**cleze,** moy.- bret. **clezef**].

cleanour, *breteur, gladiateur.*

cleanuet, cleihuét, *maladie,* ur hleihuét, pl. **clinhuedeu;** cleanuet *ou* clihuét tuem, *fièvre chaude;* cleanuét mor, *scorbut, mal de mer;* clihuét douar, *mal de terre* [**clëved**].

cléhuein, *entendre, écouter* [**clevet;** bas-vannet. **clawet**].

cleï, *gauche;* a gleï, *à gauche* [**cleiz**].

cleïat, *gaucher* [**cleisiad**].

cleïat, *fossoyer* [**cleusia**].

clem, *plainte.*

clémadur, *plainte, grief.*

clemein, *plaindre* [**clemm;** bas-vannet. **clemm**].

cléüein, cléüet, *ouïr, entendre.*

[**clin**] : clin breh, *coude;* clin garre, *genoûil* [v. **glin**].

clocen, *gousse;* pl. clor [**closenn,** pl. **clos, clor**].

cloérat *ou* **cloeratat,** *cribler, nettoyer* [**croueria**].

cloerë, *crible,* ur hlouére [**crouer;** bas-vannet. **croé**].

cloerec, *clerc, écolier, initié;* pl. **cloer;** cloer munut, *enfans de chœur ou initiés* [**cloarec, cloer**].

cloestre, *cloître,* ur hloestre.

cloh, *cloche, campane,* ur hloh, pl. **cléhér.**

clohat : ur hlohat, *un son pour quelque office.*

clohér, *clocher ou sonneur de cloche,* er hloér.

clohic, *clochette,* ur hlohic, pl. **cléhiguéu** *ou* **cléherigueu.**

clom, *neud,* ur hlom; ur hlom a garanté, *las d'amour* [**coulm,** masc.; bas-vannet. **sclom**].

clom, *pigeon* [**coulm,** fémin.] (1).

clommein, *noüer.*

cloren, *pelure, coque,* ur gloren; cloren un üi, *coque d'œuf;* pl. **clorat üïeu;** cloren tenaü, ur glorennic, *pellicule;* cloren er pen, *le crâne* [*v.* **cloçen**].

clos, *clos, parc, champ,* ur hlos, p!. **clezér** *ou* **clezier** [**cloz,** *enclos*].

closein, *clore, enclore, fermer quand il s'agit d'une playe.*

[**clouérat**] : ur hlouérat, *une criblée, un plein crible* [*v.* **cloerë**].

clouscoude, *neanmoins*; bas-breton (2) [**coulscoude, couscoude**].

cluchein, *accroupir* [**clucha**].

cludat un doüar, *herser une terre* [**cloueda**].

cludein, *percher, s'accroupir pour la volaille, selon quelques-uns* [**cluda, cluja**].

clugëaric, *perdreau.*

clugein, *jucher* [**cluja, cluda**].

clugyar, cluyar, *perdrix,* pl. **clugeri** *ou* **cluheri** [**clujar, clujeri, clujiri**].

clut, *juchoir, claye, barriere d'un champ de terre,* etc. (3).

coachein, *cacher;* **coachat, cuehihat,** ur huehihat, *une cache.*

coante *ou* **coente,** *beau, joli.*

coantic, *bellot, poupin, joli, genti.*

coantisse *ou ici* **coentisse,** *beauté, propreté, gentillesse.*

coar : ar hou coar, *lentement, à vôtre aise* [*v.* **goar**].

coarh, *chanvre;* hat coarh, *chenevi* (bas-vannet. **hacoarh**].

coarhec, *chen*[*e*]*viere,* ur gouarhec.

coblenat : ur goblenat canen, *un couplet de chanson* [**coublennad, coublad,** *en parlant des animaux*].

cochon, [pl.] **cochonét,** *des petits d'un animal.*

cochonein, *faire ses petits.*

codioh, *alouette* (à Kampoul), ur hodioh, pl. **codiohet.**

coeh, *chute,* **couehein,** *tomber, choir* [**couez**].

coêhuenn, *crême* [**coavenn,** trég.].

coer, *cire* [**coar**].

coet, *bois,* er hoet; coet cren, *tremble, peuplier* (arbre); coet derv, *chesnaye, bois de chêne;* coet queleen, *coudraye, coudrier;* coet taill' *ou* taillerisse, *taillis;* coet stanc, *un bois épais;* troh *ou* trouh coet, *coupe de bois* [**coat**].

coettat, *boiser.*

coévre, *airin, cuivre* [**couevr**].

cof, coff, *ventre, panse,* er hoff; coff teü, *bedaine, gros ventre;* cof er gar, *le gras de la jambe;* cof men gar, *mon gras de jambe;* cof bihan, *le bas-ventre;* red cof, *cours de ventre.*

coffat : ur hoffat, *une ventrée;* es er mem' coffat, *jumeaux* [*de la même ventrée*]; ur hantèr covat, *un jumeau.*

coffec, *ventru, pansart, vantripotent,* ur hoffec.

coguenan, *huppe* (oiseau) [*gu* $=$ *g*].

coguennec, *aloüette,* [pl.] **coguénégui.**

coguic, *cochet.*

coh *ou* **cos,** *vieux, ancien, suranné;* coh hotteu, *savate;* lard coh, *du vieux oint;* en amser coh, *autrefois, anciennement;* coh dillat, *vieillerie, chifon;* coh retaill, *chifon;* coh titreu, *chartres, vieux titres;* er hohan, *le plus vieux;* map cohau, er verh cohan, *l'ainé, l'ainée;* cohoh, *plus vieux, anterieur* [**coz,** corn. **cous, cos**].

cohanë, *chat-huant, chouette, hibou;* er gohanë, pl. **cohanét** [**caouen, caouan**].

(1) Sous le mot *clom,* l'auteur a réuni les deux mots signifiant *nœud* et *pigeon.*

(2) L'auteur entend par *bas-breton* ce qui n'est pas de dialecte vannetais.

(3) L'auteur confond ici deux mots d'origine différente : **clut,** *juchoir, perchoir;* bas-vannet. léon. **clud,** et **clut** = leonard **cloued,** bas-vannet. **cleud,** *claye, barrière à claire-voie d'un champ.*

cohat, *game, accès de rage* [**caouat**; bas-vannet. **cwęhat**].

cohein, *veillir* [**cosat**; bas-vannet. **cohat**].

coh-lai, *taureau,* ur hollai [**colę**].

cohoni, *vieillesse* [**cosni**].

cohu *ou* **covu,** *la halle,* er hohn, er hovu [**coc'hu, coc'hui, coc'hi**; bas-vannet. **covu**].

coin : er goin *ou* ĕr hoenĕ, *le soûper* [**coan**].

coiniein, *soûper* [**coania**].

coivainĕ, *crême* [v. **coevenn**].

col, *perte, perdition, ravage, dégât;* col *ou* collein ur hroadur, *avortement, perdre un enfant* [**coll**].

col', colein, *perdre.*

colêrein, *gendarmer, mettre en colere.*

colinein, *louveter, faire des petits.*

colin qui, colennic, *petit chien,* pl. quelein [**colenn,** pl. **kelin**].

côll, *colle, conglutination.*

collein, *coller, conglutiner.*

collet : croadur collet, distrugét, *enfant perdu, détruit, avorton.*

colom *ou* **clom** *ou* **coulm,** *pigeon, colombe;* ur golom, ur glom, ur goulm'; pl. colomét, er holomét; clomét, er hlomét; coulmét [**coulm**; bas-vannet. **clom**].

colomér, *pigeonnier, voliere de pigeons,* er holomér.

colovec, *pailler* [**coloec**].

colven, coloven, *ruche,* [pl.] **colovenneu** [**coloenn**].

commaire, *commere,* pl. **commairezét.**

commun guet en ol, *trivial.*

compagnon, *en breton comme en françois.*

compagnoneh, *compagnie.*

compagnonnés, *compagne.*

[**comparage**] : bep comparage, *incomparable, incomparablement, ou sans comparaison.*

comparagein, *comparer.*

comparissein, *se presenter.*

complot, *cabale, ligue.*

complottein, *cabaler, machiner.*

coms, *parole, mot,* ur goms, [pl.] **er homseu**; comseu vænĕ, *sornettes, paroles inutiles;* coms caĕr, *amadouer, parler beau.*

coms, comsein, *parler;* coms é cuh, dré guh, *chuchoter* [*parler en cachette*].

comzour caĕr, *bien disant.*

condu, *conduire, regenter, conduite.*

conduein, *mener.*

conduour, *guide, conducteur.*

confitein, *confire.*

confitur, *idem.*

confortance, *soulagement, consolation, azile, soûtien.*

confortein, *soulager, consoler.*

connarein, *enrager* [**counnari**].

connarét, *enragé* [**counnaret**].

consort, *aggregé, a[i]de, ajoint, consort;* quemér de gonsort, *aggreger, prendre pour consort.*

consortisse, *association, consortise.*

contel, *couteau,* pl. **quentel,** er hentel [**countell, countilli, côntellou**].

contellour, *coûtelier.*

contraign, *géne.*

contraignein, *contraindre, géner.*

contrat, *traité, contrat,* ur hontrat.

convenant, *salaire, convenant.*

copi, *transcrit, extrait, copie,* ur hopi.

copiein, *grossoyer, grosser.*

corbon, *charbon dans le grain.*

cordenĕ, *corde, lien,* ur gorden, pl. **querdat.**

cordennein, *corder, cordeler.*

cordennour, *cordier.*

cordon, ur hordon plat, *tresse.*

corf, *corps,* [pl.] **corveu**; corf marü, *cadavre;* corf broh, *corps de juppe.*

corn', *corne,* pl. **quern'** *ou* **querneu.**

corn, *angle, coin,* ur horn, er horneu; corn bara, *un quignon de pain;* corn el lagat, *coin de l'œil;* corn bihan, cuhét, *un recoin;* er horn déheu ès un armée, *l'aile droite d'une armée;* corne a bistanté, *corne d'abondance.*

cornal, cornein, *sonner du cor, faire relentir.*

corn-cann, *rectangle.*

cornec, *cornu.*

cornereh en discoarn', *bourdonnement, tintement d'oreilles.*

corniguel, *sabot dont joüent les enfans* [**cornigell**].

cornoc isel, *vent d'aval, d'oüest.*

corol, *danse.*

corollein, *danser.*

corréein, *conroyer, tanner ; ici,* tanneein.

corréet : doüar corréet mat, *terre bien couroyée.*

corréhenë *ou* **courrehenë, coureyenë,** *couroye de cuir, une longe,* [pl.] **corréieu** [**corréen**].

correour, *conroyeur.*

corriguant, *un nain, pigmée* [**corrigan, corrigant**].

corrompét, natur corrompét, *le vieil homme, nature corrompuë.*

corrvellat *ou* **torrimellat,** *gambiller,* [cf. **corvigellat**; *v.* **torrimellat**].

corss, *glageul.*

corzen, *canne dont on fait les noüilles,* ur gorzen.

corzen guer, corzen toul, *sarbacane.*

cosson, *cosson,* ur gossenë, pl. **coss,** ër hoss.

costé : er gosté, *le côté, la côte* ; trœin c gosté, *gauchir* [**costez**].

costene, *côte,* pl. **questat** *ou* **diguestat.**

cotissein, *cotiser :* him gotissein, *sourciller.*

couahein, *consommer, diminuer ;* **couahét,** *consommé, diminué* [**coaza**].

coüail : ur goüaill, *une caille.*

coüard, *pagnotte, gavache, poltron, timide.*

coüardisse, *poltronnerie, timidité.*

couareis, *carême,* er houareis, pl. **couareseu.**

couc : er gouc, *le cou* ; frang a gouc, *qui a un bel avaloir* [franc, *large du gosier*] [**gouzouc, gouc**].

[**coueh**] **:** en eil coueh, *rechute.*

coüehein, *tomber, s'abatre, aboutir, arriver* ; coüehein arré, *recidiver.* [**couéza**].

couffre, *cofre, caisse,* ur houffre.

couihionnereh, *potronnerie.*

coüiltron, *gouildron, bray.*

coüiltronnein, *brayer, espalmer un vaisseau.*

coulinë, *lapin,* [pl.] **coulinét** [**conicl;** bas-vannet. **counif**].

couplë : ur houplë, *une paire* ; ur houble ohin *ou* écheinë, *une paire de bœufs.*

couplein, *accoupler, apparier, frayer.*

courchér beguin, *une coife de detil.*

courehen, *peau,* courehen laye, *veslin, peau de veau* ; ur ourhenë, *une peau* ; courehenneu ur haross, *les peaux d'un carosse* [**croc'hen**].

couroüil, *veroüil, targette, etc.* [bas-vannet. **crouill,** *l* mouillé].

courretage, *maquignonage.*

courretour, *marchand courtier, maquignon,* ur hourretour.

cours : e cours, *à temps* ; songeal é cours, *avoir de la prévoyance* ; a coursadeu *ou* a gourseu, *de temps en temps, par intervalle.*

courtin, *nattes* ; ur gourtinenë, *une natte.*

[**cousque**] **: mor-gousque,** *assoupissement* ; mor-gousquét, *assoupi.*

cousquedic, *soporatif, endormant.*

cousquedus, *assoupissant.*

cousquein, cousquét, *dormir* ; cousquét én é üin, *cuver son vin* [léon., corn., trég., bas-vannet., **cousket**].

cousquét : ur housquét, un deen cousquet, *un atrabilaire.*

coussi, couchiein, coussiein, *salir, pâter, embrener* ; coussi ur verh, *corrompre une fille* ; ur goussi mecher, *un gâte métier* [**conchéza,** *salir*].

coustelé, *gageure* ; lacat coustelé, *gager, parier* [**claoustré**].

covessat, *confesser* [**covesaat**].

covézionale, *confessional.*

covézour, *confesseur.*

craban, *griffe,* [pl.] **crabanneu.**

crabannec, *qui a des griffes.*

craf : ur braf, *un point* [**craf, crav**].

crafignat, cravinat, *égratigner, grafigner.*

craouat *ou* **craouein,** *grater* [**crafat**].

crapin, *herpeau, un ancre à quatre pates.*

crappein, *acrocher, monter.*

craserch, *secheresse.*

crasse, *en breton comme en françois.*

crassous, crassouzel, *salope, soüillon.*

craüaden, *mieux* **craouidenë,** *grate, gratin.*

cravel, *sarcloir,* ur gravel.

crean *ou* **creihuë,** *fort* [**crëv, crev, cre, creö**].

crean : a grean, *entièrement* [**a grenn,** *v.* **cren**].

creannat *ou* **creihuat,** *fortifier, renforcer* [**crëvaat, creat**].

credable, *probable, croyable.*

credage, *cautionnement, garantie.*

credein, *croire, ozer.*

crèdour, *créantier.*

créine, *branlement;* ur hreine douar, *tremblement de terre* [**cren**].

creinein, creinnein, *trembler, branler, trembloter, geler;* creinnein guet eüne, guet coler, *fremir* [**crena**].

creinnadur, *fremissement, tremblement.*

creinour, *branleur, trembleur.*

creis, *milieu, centre, concave;* creis té, *midy;* creis-est, *mi-aoust;* creis-nos, *minuit, septentrion.*

cren, *court;* him arrestein cren, *s'arréter tout court* [**crenn**].

crenadur, *rognure.*

creneau, *comme en françois,* ur harneau.

crenein, *écornifler, rogner, écourter, gruger avec les dents* [**crenna**].

crennereh, *tremblement.*

crenour, *parasite, rongeur,* ur hrenour.

cresquadur, *acroissement.*

cresquein, crescat, *croître, agrandir, augmenter.*

crét, *caution, ôtage, pleige,* ur hrét.

cretat, *cautionner, garantir.*

creü, *grote, étable;* creu devet, *bergerie;* creut er seut, *la vacherie* [**craou;** bas-vannet. **craou**].

creuhen, *croûte;* ur greuhen [**creunenn;** bas-vannet. **crawen**].

creuhenein, *incruster.*

creuhennic, *croustille.*

crez, *ou mieux* **creis,** *chemise tant pour homme que pour femme,* [pl.] **crezieu, creizieu.**

cri, *cruel, sanguinaire, impitoyable* [**criz**].

crib, *peigne.*

cribenn, *crête;* cribenn ur hôc, *la crête d'un coq.*

cribennec, *crêté.*

cric *ou* **gric,** *chut, silence* [**gric,** *chut!*]

cricheneh, *chrétienté;* er lesen a gricheneh, *le christianisme.*

crichenein, *onduyer* [**cristenna**].

criereh, *pihaillerie.*

crignal, *grater, grignoter.*

cripeen, *crête;* cripeen er garre, *l'os de la jambe* [**clipenn**].

cristal purifiét, *crème de tarte du cristal.*

croadur, croidur, *petit enfant;* ur hroadur; croadur colet, *avorton, enfant perdu* [**crouadur**].

croc : ur hroc, *un acroc, un crochet, un poids de croc.*

croes, *croix,* ur groes; croës sant André, *sautoir, croix de saint André* [**croaz**].

croesein, *croyser, rayer* [**croaza**].

croesellë, croiselleu, digroesël, *reins* [**croazell**].

croguein, *mordre, crocher, acrocher, empoigner* [**cregi**].

croguenn, *coquille,* [pl.] **croguenneu** [**crogenn, kregin**].

crohen, *lard;* crohen quic oh, *coine de lard* [*v.* **courehen**].

crom, *crochu, aquilin,* fri crom, *né aquilin.*

cromein, *courber.*

crosse bugul, *houlete.*

crossét, *crochu.*

croüadur, crouaduric, *enfant, petit enfant.*

croüéein, *créer, faire engendrer.*
croug, *gibet;* boet er groug, *pendart.*
crouguein, *pendre* [**crouga**].
crouguereh, *penderie.*
crouhen, *peau* [*v.* **courehen**].
croüil, ur hroüil, *veroüil, poignée ou bouton de fer qui sert à ouvrir ou fermer
une porte, moraillon* [*v.* **courouil**].
cruel, *sanguinaire, cruel.*
cuëguein, queguein, *cuisine* [**kegin**;
bas-vannet. **kigin**].
cueguinour, *cuisinier,* er heguinour ;
goas *ou* pautre ur heguinour, *marmiton.*
cuehihat : [*v.* **coachein**].
cuh : é cuh, *en cachete, à l'inçu, secrè-
dement, incognito;* groeit é cuh, c an-
destin, *fait en cachete* [**cuz**].
cuhein, *cacher* [**kuzat, kuzet;** bas-vannet. **cuhet**].

cuhét, *secret, caché,* adj.
cuh heaule, *Occident, coucher du soleil*
[**cuz hèol**].
cuhunein *ou* **cunein** en tan, *couvrir le
feu;* him guhunein, *se couvrir dans le
lit* [**cafuni; cufuna** *ap.* Grég. de Rostr.].
cuign, *gasche, tourteau,* ur guign, [pl.]
cuigneu; 'cuign groeit a guerh, *gasche
d'avoine* [*faite d'avoine*].
culasse, *plastron;* dragonnét culassét, *dra-
gons cuirassez.*
culein, *reculer;* a gule, *à reculons.*
curun *ou* **gurun,** *tonnerre, couronne.*
curunein *ou* **gurunein,** *tonner, cou-
ronner.*
curunus *ou* **gurunus,** *tonnant.*
custum, *peage, havage, droit de coutume;*
ervé er gustum, *selon la coûtume* (à Aradon).

D

dacor[e]in, *rendre* [**dascori**].
daibradur, *démangaison* ou *l'endroit
qui a été mangé.*
daibrein, *manger, démanger* [**debri**].
dal, *aveugle;* en tri hant dal, *les Quinze-
Vingts* [**dall**].
dalaiein, *trainer, gagner du tems* [**dale**].
dalaiteen, *mouchoir de col; c'est peut-
être ce qu'on appeloit, il y a quelque
temps, un dalet.*
dalh, *prise, retardement, accroche, ha-
nicroche, lenteur, répi;* pl. **dalheu**
[**dalc'h**].
dalhedigueh, *assujettissement.*
dalhein, *arrêter, amuser, differer;
retarder, s'amuser, susperseder, temporiser;* **dalhein, derhel,** *tenir;* dalhein,
derhel mat dé opinion, *abonder en son
sens, tenir ferme;* derhel mat, *tenir
ferme, maintenir, soûtenir;* derhél tost
un deen, *serrer le bouton* [*tenir près un
homme*]; derhél ér façe, *soûtenir en face*
[**derc'hel, delc'her;** bas-vannet. **der-
hiel**].

dallein, *aveugler.*
dallidigueh, *aveuglement.*
dalm : un dalm, *une fronde ou fonde*
[= **talm**].
dambrézein *ou* **diambrezein,** *repeter
ce qu'on a dit pour s'en mocquer.*
dammouchein, *chiffoner;* **dammou-
chét,** *chiffoné.*
[damourant] : en damourant, *le reste, le
gratin, superfluité, superflu.*
dan *ou* **dean,** *gendre* [moy. bret. **deuff;**
Grég. de Rostr. **deuñ**].
dandec, *qui a de grandes dents* [**dan-
tec**].
dant, *dent;* pl. **deent; quill' dant,** *dent
machelicre;* quic dant, *la gensive.*
dantadur, *morsure, picqueure de puce.*
danteilladur, *cizelure.*
danteillein, *cezeler, coûdre de la dentelle à quelque chose.*
dantein, *mordre.*
dantelle *ou* **denteil,** *dentelle.*
dantér, *tablier* [*v.* **davanter**].

dar, *larme;* pl. **dareu,** *pleurs* [daelou; bas-vaunet. **dar, daraou;** gall. **dagr**].

dardein, *lancer.*

darein, *larmoïer.*

daremptein, *ici* **darempredein,** *hanter* [**darempredi;** gall. **darymred**].

daremptét, *ici* **daremprét,** *hantise.*

dareüein, *ici* **darihuein,** *cuire, apprêter* [**darevi**].

darhian *ou* **terhian** *ou* **derhian,** *fiévre* [= **terhian,** léon. **terzien,** bas-vannet. **terhien;** gall. **teirthon**].

darhianec, derhianec, *fiévreux.*

darn, *une part, un fragment;* un darnen, *une tranche de quelque chose* [gall. **darn**].

darnein, *diviser, entamer.*

dasson, *re[ten]tissement, écho.*

dassonnein, *retentir.*

dastum, *amasser, accumuler, ramas, recuëil;* dastum danné, *thésaurizer,* dastum a vandenneu, *attrouper.*

daufeu, *des contes pour rire, turlupinades.*

dauleen, *tableau, table d'un livre;* pl. **daulenneu** [*v.* **taule**].

davéein, *renvoïer, différer, proroger, superséder;* davéét ëmés me afferieu d'er Parlemant, *j'ai* [renvoyé] *mes causes au Parlement.*

dé, *jour,* pl. **dieu;** poënd en dé, *ici* à Aradon, goleü dé, *point du jour;* deieu mirét, gouarnét, *jours chomables* [gardés]; dé quic, dé lart, *jour gras;* dien ël lart, *jours gras* [**deiz;** gall. **dydd**].

déauc, [pl.] **deaugueu,** *dixmes* [**deoc**].

déauguein, *dimer* [**deogi**].

débattein doh, *quereller* [contre].

déc, *dix;* déc ha triuiguent, *septante;* un déc scoüét, *une dizaine d'écus.*

decvét, *dixième.*

déen, *homme;* **déen,** avec une négation, *personne;* **ma pdéen,** *l'homme (en général)* [gall. **dyn**].

[**deguemér**] : deguemér vat, *affabilité, bonne réception* [**digemer**].

[**déh**] : ne deh quet dein dihanquein, *je n'ay pas le temps de fournir;* [bas-vannet. ne dic'h ket tein, *je ne suffis pas à, je n'arrive pas à (il n'arrive pas à moi de)* : léon. **tiz, tizout**].

déheu : en tu déheu, *le côté droit;* a zeheu *droit* [**deou;** bas-vannet. **dehaou**].

déhuiguein *ou* **dihuiguein,** *décheoir, dépérir, décliner, perdre haleine* [gall. **diffygio**].

déjandus, *un tireur de chiffres, un yausseur.*

dejanein, *ici* **déjandein,** *se mocquer, tirer des chiffres, badiner quelqu'un.*

delé, *dette* [**dlé**].

deléour, *débiteur.*

deliaouen, *feuille;* pl. **dél** *ou* **deliau** (1) *ou* **dilat;** deliau guniec, *pampre de vigne* [**delienn, deliou;** bas-vannet. pl. **del**].

deliau-rit, *lierre.*

deliaüs, *feüillu, touffu.*

deliéin, *devoir, avoir des dettes* [**dleout;** bas-vannet. **delout;** gall. **dylu**].

delin : un delin, *un fusil à faire du feu* (2).

deluge, *item en françois.*

demantein, *plaindre* [**damanti**].

denessein *ou* **denechein,** *approcher, accoster* [**dinesaat;** gall. **dynesau**].

deouiein, *dépécher;* dëouïét, *dépéchés,* à l'impératif.

derderanë, *tiers* [**terderanë; trédérenn**].

derderanour, [fém.] **derderanourés,** *tierçaire.*

dereinein *ou* **dereine,** *traîner, gagner du tems.*

dërë mat, *étrennes* [**derou mat**].

[**derf :** *v.* **deruen** *et* **derv**].

---

(1) Prononcez **deliáẅ** avec accent sur **a.**

(2) Cillart : fusil, *morceau de fer bien acéré sur lequel on frappe pour tirer du feu :* **delin.**

dërguei, dergayë, *escalier;* pl. **der-gayeu.**

derhél [*v.* **dalhein**].

derhouidenë, *dartre;* pl. **deroüit** [**dervoedenn, dervoed;** *cf.* gall. **tarwyden**].

derlué, *en haut* [*v.* **lue**].

deruen, *chéne;* pl. **derv;** coet derv, *bois de chéne* [**derven; dero, derv;** gall. **derw**].

dessau, *education;* dessau, dessaou[e]in plant, *élever des plants;* **dessaüét mat,** *bien-né, bien-élevé;* goal dessaüét, *mal-né, mal-élevé* [bas-vannet. **dessaw**].

deu, *deux* [masc.] [**daou**].

deüéh arat *ou* **quever,** ur hevér douar, *journal de terre* [**devez arad**].

deüéhour, deüéhourés, *journalier, journaliere* [**dévézour**].

deüein *ou* **doein,** *pondre* [**dozvi, dezvi, tofi;** gall. **dodwi**].

deuhanterein, *briser, fendre, tranger, couper en deux, partager, mipartir* [**daouhantera**].

deüiguent, *quarante;* deüiguentvét *quarantième* [**daou-ugent**]; bas-vannet. **daou, mais dewigent**].

deulagat, *les yeux* [**daoulagat;** bas-vannet. **daoulegat**].

deulin, *genoux;* ar beenneu ou teulin, *à genoux* [**daoulin**].

deunat a ra en deure ama, *l'eau hausse ici.*

deündét, doundét, *profondeur.*

deüne *ou* **done** *ou* **doune,** *profond, creux,* adjectif; en deune, *le fond* [**doun;** gall. **dwfn**].

deünein, *approfondir, forcer.*

deura, *arrozer, abrever, donner de l'eau.*

deure, *eau;* **deurë anho,** *eau dormante, puante;* **deure treah,** *pissat;* **deure derf,** *ici* **isél-varre** (1), *gui de chéne* [**dour;** bas-vannet. **daọr, dọr;** gall. **dwfr, dwr**].

deurein, *abrever, arrozer.*

deuren, *suc pour herbes et fruits.*

deurét, *imbeu, imbibé, abrevé.*

deuste, deustou, *nonobstant;* deust dén aüel, *malgré le vent* [**daoust**].

deutrinein, *regenter, enseigner* (guéres usité).

deuzec, *douze* [**daouzec**].

deuzécvét, *douzième.*

deval, *descente, vallée.*

devalein, *descendre, abbaisser, diminuer, ravaler.*

devanter, *tablier* [*v.* **dantér**] [**davancher**].

deveit, *quérir;* éhan deveit, *je vas quérir* [**da vit**].

devét, pl. *brebis, moutons, dont le sing. est* **avat** [en avat = en davat, *la brebis*], pl. **devét** *ou* **devent,** *oüailles,* etc.; banden devèt, *troupeau de moutons* [**deved,** sg. **dãvad, davad;** gall. **dafad, defaid**].

diabarh, *dedans;* a ziabarh, *par dedans* [**diabarz**].

diaccourçein, diaccoustumein, *desaccoütumer.*

diaguent, *ci-devant* [**diagent**].

diais, *difficile, incommode, malaizé;* diais de guemerét, *inaccostable.*

diaisein, *incommoder.*

diaisemant, *importunité, malaize, misere.*

dialhüé : a zialhüé, *d'en hau;* en dialhüé, *la surface* [*v.* **lué**].

dialhuéein, *ouvrir une porte fermée à clef.*

diamein, *qui n'est à la comodité, incommode.*

diampradur, *rupture, dislocation.*

dianalein, *respirer* [**dianalat**].

dianaoüein, *méconnoître.*

dianaoüet, *inconnu, méconnu.*

[**dianneu**] : en dianneu, *le bas;* a zianneu, *par le bas.*

dianoüedein, *désenroüer, s'échauffer.*

(1) Habituellement *huel-varr.*

dianvés, *dehors;* en dianvés, *le revers, l'envers, la surface;* a zianvés, *par dehors, au dehors* [di̯aveaz, diaveaz].

dianvezour, *etranger, forain.*

diaoul, *diable,* pl. **diaoulét, diaoulereh,** *diablerie* [gall. **diawl**].

diar, *aprés :* diar e varu, *aprés sa mort;* diar, *le dessus;* diar er mezeu, *de dessus les champs;* tut diar meseu, *gents des champs* [**diwar**].

diarauc, *ci-devant, par devant;* en diarauc, *le devant, le frontispice;* en diarauc d'un ejon, *le fanon d'un bœuf;* en diarauc a ben ur marh, *le chanfrain ou le devant de téle d'un cheval* [**diaraoc**].

diardran, *derriere, par derriere :* diardran ul lestr', *la poupe d'un vaisseau;* en diardran, *le derriere, la croupe, le revers, l'envers* [**diadre,** v. **ardran**].

diariein ou **diari,** *délier* [**dieren**].

[dias] : en dias, en dianneu, *le bas;* den guias, *en bas;* dré zianneu, *par le bas.*

[diaséet] : bara diaséet, *du pain rassis* [**diazez;** bas-vannet. **diazet**].

diasein, *affaisser, rasseoir, établir* [**diazeza**].

diassamblein, *déjoindre.*

diavancein, *reculer.*

diavis, *ecervelé, étourdi.*

diavisemant, *méprise, mégarde.*

diavistét, *imprudence.*

diazé, *assises* [*v.* **diasein**].

dibaouein, *dépaver.*

dibarfecion, *imperfection.*

dibarfét, *folatre, badin, imparfait.*

dibauche, *débauche.*

dibauchein, *débaucher;* him zibauchein, *se débaucher.*

diben-est, *l'automne* (bas-breton), ici **dilosthan** [**dibenn-eost**].

dibennadein, *desentéter.*

dibennat, *dissuasion.*

dibennein, *décapiter* [**dibenna**].

dibilladur, *emondes.*

dibitein ur forest, *exploiter une forét, débiter.*

diblacein, *déloger.*

diblantein, *arracher, déplanter.*

diblantour, *arracheur.*

diblesquein, diblescat, *gratter, óter l'écaille, la peau, la coque, peler* [**diblusca**].

dibluein, dibluat, *plumer* [**diblua**].

diboblein, *dépeupler.*

diboell[e]in, *vuider, óter les boyaux* [**divouzella**].

diboeniein, *oster de peine.*

diboës, diboësein, *délas, délasser.*

dibordemant, *débordement, dissolution, dépravation.*

dibossedein, *evincer d'un héritage qu'on possedvit.*

dibourvaiét, *dépourvû.*

dibourvéein, *dépourvoir.*

dibrë, *selle* [**dibr**].

dibreder, *fainéant, rouge-bon-tems, sans souci;* un tieguah diberdé[r], *ménage où il n'y a rien de fait ni rien à faire.*

dibresse, *qui est de loisir, n'a rien à faire.*

dibrofit, *onereux, ruineux, inutile, inutilité.*

dibrop', *maussade.*

dibropos, *hors de saison, déraisonnable;* un deen dibropos, *trouble-fête.*

dibunér, *dévidoûer* [**dibunouer**].

dichagelein, *démantibuler* [g = j].

dichal, *commencement du jusant.*

dichancrein, *échancrer.*

dichaul, *abri du soleil, ombre* [**disheol;** bas-vannet. **dichol**].

dichaulein, *ombrager* [**disheolia**].

dichengennein ou **dirangennein,** *déchainer quelqu'un.*

dichonge, *inconsidéré, absence d'esprit, indiscrétion, oubli, revenu d'yvresse;* a bé vou dichonge, *quand il sera desennyvré* [**dizonj**].

dichongein, *desennuyé.*

dichongeûs, *réveur, abstrait.*

diçorçéin, *desenchanter, dessorceler.*

dicrial, *décrier.*

didachein, *déclouer, desenclouer* [v. tache].

didachein, *oster une tâche.*

didâlein, *enfoncer une barrique, ôter le fond* [**didala**].

didalvé, *fainéant, paresseux, vaurien, lâche*; donnet devoüt didalvé, *s'accoquiner, s'apparesser* [**didalvez**].

didalvedigueh, *mechanceté.*

didan *ou* **dédan,** *et mieux* **édan,** *dessous*; un didan doüar, *un souterrain*; azédan, *par dessous* [**dĭdăn**; *cf.* corn. **yn dan, a dhan**].

[**dide,** *à toi* : *v.* **e**].

didorgamein, *délordre.*

didroidein, *démancher, épater* [**didroada**].

didrompein, *desabuser.*

didrompereh, *infaillibilité, bonne foy.*

didrùéhus, *maupiteux, sans pitié.*

diés, *difficile, délicat.*

difæçon, difæçonnet, *contre-fait mal-bâti, défiguré.*

difæçonnein, *défigurer.*

difamein, *décrier, diffamer, salir.*

difariein, *détromper, redresser* [*cf.* **difazia**].

difautein, *excuser, disculper, corriger, redresser.*

difelhein, defelhein, *éralter* [**difelc'ha**].

diferlinque, *débraillé, évaillé.*

diferlinqu[e]in, *débrailler.*

difermein en or, *ouvrir une porte.*

difermein, *délacer.*

diffrenn, *narines* : ur **frenn,** *une narine* [**difron**].

difihus, *défiant.*

diflosquein, *eclier ou éclisser.*

difonn, *lent, petite journée qui n'avance point* [**difounn**].

diforge, *diforme, rebours, mal-bâti.*

diforhein, *distinguer, discerner, trier, séparer, mettre à part* [bas-vannet. **diforc'h**].

difouanüein, *ici* **difoihuein,** *désenfler* [*v.* **fouanhuein**].

difreable, *expéditif, diligent* [cf. **difrea,** *se hâter*].

digagein, *démêler, dégager.*

digalon, *lâche, poltron, pagnotte, gavache, mou, efféminé.*

digampeen, *rabotteux, montueux, âpre, pervers, méchant, fort dérangé dans sa conduite pour ses reproches* [**digempen**].

digar, *austere, rude, desagréable, impitoyable pour ses proches.*

digaré, *défaite, mauvaise excuse*; fai digaré, *alibi, forain* [**digarez** (1)].

digarèein, *pâllier, chercher de fausses excuses.*

digargatennein : bim zigargatennein, *s'égosiller.*

digass, digassein *ou* **degassein,** *amener, apporter, être occasion, être cause.*

diglommein, *denoüer* [moy.-bret. **digoulmaff**].

diglorennein, *eglosser, écailler.*

diglosse, *églosser* [**diglosa,** *écosser*].

digludennein, *dégluer.*

digol, *dédommagement, indemnité.*

digolein, *dédomager, indemnizer.*

digontein, *défalquer.*

digor *ou* **diguor,** *ouvert* [diguor *avec* g palatal] ; bec digor, *gueule beante.*

digor, digorein *ou* **diguorein,** *ouvrir, étendre, eclorre, défricher une terre, rarefier, inciser*; digor ér bec, *béer comme un sot* [**digor, digeri**; *cf.* gall. **agori**].

digoradur *ou* **digor,** *incision, orifice, ouverture.*

digorét, *spacieux.*

digouaivennein, *ecrémer, éfleurer* [v. **coehuenn**].

digouroüillein, *déverroüiller.*

digours, *contre-tems.*

---

(1) *Cf.* gall. **digaredd,** *qui est sans reproche.*

digousq, *insommie.*

digousquein, *réveiller.*

digoustein, *indemniser, dédomager.*

digouviein, *déprier, rebutter.*

digresquein, *décroître* [v. **cresquein**].

digreuhennein, digreuhein, *dé-crouter, chaper du pain* [v. **creuhen.**]

digrochetein, *dégrafer.*

digroêzel, *les reins ;* torret à zigroesel, *déhanché, déginganté* [v. **croesellë**].

digroezellét, *déhanché.*

digrohennein, digrouhennein, *peler, écorcher* [**courehen**].

digue''ionnein *ou* digliyonnein, *émoucher* [**digeliena**].

diguemen *ou* disquemennein, diguemenein, *contre-mander* [**digemenn**].

[diguemer] : a ziguemér mat, *affable, courtois, d'un accès aizé* [**digemer**].

diguemerein erhat, *bien traiter* [**digemeret**].

diguestat, *les côtes* [v. **costé**].

diguiguein, *décharner* [**digiga**].

digustum, *extraordinaire, inusité.*

dihadein, *egrenner.*

[dihampréd] : dihampréd on [t]out tehou, *il m'a tout disloqué* [v. **diampradur**].

dihanquein, *fournir à son travail :* nè déh quet dein dihanquein, *je n'ay pas le tems de fournir.*

dihanüal *ou* dihaval, *different, dissemblable* [**dishënvel, dishevel**].

dihanüalediguech (1) *difference, disproportion.*

diheentein, *se fourvoyer.*

[dihelhét] : dihelhét é é querhét, *il a tant marché qu'il n'en peut plus* [**diélc'hat**].

dihoalein, *prendre garde, être sur ses gardes,* him zihoallein, *se garder, prendre garde à* [**diwall**].

dihoarnein, *déferrer.*

dihoscalein, dioscalein, *arracher les chardons* [**diaskola**].

dihouéein, *secouer la poussière des habits, ou, etc.*

dihoûinein, *dégaîner* [**dic'houina**].

dihouriennein, diouriennein, *arracher, déraciner* [**dic'hrizienna**].

dihuen, *défense, protection, bon droit* [**difen**].

dihuenabl', *soûtenable.*

dihuennein, *défendre, maintenir, soûtenir ;* dihuennein d'unan benaq, *défendre à quelqu'un ;* dihuennein unan benac, *proteger, défendre quelqu'un* [**difenn ;** bas-vannet. **dihuenn**].

dihuennét, *illicite, défendu.*

dihuennour, *défendeur.*

dihuêrnein, *démâter* [v. **guern**].

[dihuiguein : v. **dehuiguein**].

dihun, *vigilant, eveillé.*

dihunein, *réveiller.*

dijauje, *mal assorti, qui ne convient pas.*

dijeaugeable, *mal assortissant.*

dijeutein, *déjoindre, dessouder.*

dijoentein, *désunir, déjoindre.*

dilardein, *dégraisser.*

dilastein, *oster les herbiers, le leste d'un navire* [**dilastéza**].

dilaü, *abri contre la pluie* [cf. **disglao**].

dilàvrêguein, *mettre culotte bas.*

dilehein, *disloquer, deboëtter, démettre* [**dilec'hi**].

dilés, *abandon, renonciation, abdication ;* en deléss, *le rébut.*

dilesél *ou* delezél, *laisser, abandonner, quitter.*

dilestein, *oster le leste d'un vaisseau.*

diléüein, *époüiller, ôter les poux* [**dilaoui**].

diliainnein, *desensevelir* [**diliena**].

dilignéein, *sortir de parenté.*

dilignésein, *dégénérer, se démentir, s'abâtardir.*

diliu, *pâle* [**disliv**].

dillat, *hardes, habits* [v. **bah-tillat**].

___

(1) Écrit *dihanüdliguch.*

dilogereh *ou* **dilogemant,** *déména-
gement.*

diloh, *dégel.*

dilohein, *dégeler.*

[**dilost**] : dilost ag er blé, *arrière saison.*

dilosthan, *automne* [**dilost-haŏ, di-
lost-hăv**].

dilomïein, *débarrasser, débrouiller* [**di-
luzia**; bas-vannet. **diluiyein**].

diméîn, dimeein, dimezein, *fiancer*
[**dimezi**].

dimen, dimeigneu, *fiançailles, hymen,
mariage.*

dimerh, *mardy* [**dimeurz**; bas-vannet.
dimeurh].

dimerher, *mercredy*; merher el ludu,
mercredy des cendres [**dimerc'her**;
bas-vannet. **dimerhier**].

diminùein *ou* **dimuniein,** *excompter,
défalquer. diminuer.*

dinature, *impitoyable, dénaturé, cruel.*

dinéein, *détordre* [**dineza**].

dinein, *succer, teller, épuiser* [**dena**;
bas-vannet. **denein**].

diner, *denier.* [pl.] **dinèret.**

dinerh, *foible, vain, flasque, inéficace,
sans force* [**dinerz**].

dinerhein, *débiliter, affoiblir, amollir.*

dinsein, *tinter* [**dinsal**].

dioarnissein, *dégarnir.*

diobeissance, *infraction, contravention,
desobéissance.*

dioêdadur, dioêt, *aimorragie, flux de
sang.*

dioêdein, *perdre son sang, saigner en
abondance* [**divoada**].

diorblage, *emonde*; **diorblein,** *émon-
der* [**diorblach, diorblaj**].

diorgein, *vomir* [= ***digorjein**].

dioscalein [*v.* **dihoscalein**].

diot, *badin, folatre, sot, puérile.*

diotage, *badinage, vetille.*

diotat, *badiner. folatrer, baguenauder.*

diotisse, *puérilité, sottise.*

diouriennein, *arracher, déraciner* [**di-
c'hrizienna**].

diousquein, *éveiller.*

diousquét, *éveillé.*

dïoust, *dégoust.*

dïoutein, *dégouster.*

diovér, diovérein, *se priver, se passer.*

diovér, *excedant. superflu, superfluité,
privation* [**diouer,** *manque, privation;* cf. gall. **diofryd,** *renoncement
par serment*].

dir, *acier.*

dirac, *devant, en présence*; dirac en ol,
à découvert [*devant tous*]; dirag·autèr,
parement, devant d'autel.

diræson, *absurde, hors de propos, dérai-
sonable. déraisonnablement.*

diranquein, *déranger.*

direin, *acérer, garnir d'acier.*

diremet, *incurable.*

diren, *une lame.*

diren mile, *rayon de miel* [**diren-goar**;
coar, *cire*; mil = bas-vannet., léon.
mel : *v.* **tiren**].

diridein, *défroncir.*

dirieu, *jeudy* [**diziou, diriou**; bas-
vannet. **diriaou**].

dirobein, *détrousser, dévalizer, dérober.*

diroh, *ronflement.*

dirohein, *ronfler* [**diroc'ha**].

[**dirohour**] : un dirohour, *un ronfleur.*

dirontein : him zirontein, *se dérouler, se
débander.*

diroute, *déroute.*

dirrouein(1) un cneval, *détourner une béte.*

dirüein, *dérougir* [*v.* **ru**].

disaccord, *discordant.*

discabellein, *décoëfer. décheveler.*

discannein, *chanter la palinodie* [**dis-
căna**].

discannein, *oster les écailles* [**discanta**].

discar, discarre, discarrein, *abattre,
accabler*; discarre ur fortification. *demen-
teler, démolir*; discar bras, *grand*

---

(1) On serait tenté de corriger en *diroutein*, mais Cillart donne aussi *dirouein*.

abattis; discar el loüer, *décours de la lune*; discar à zouareu, à vangœrieu, *éboulement de terres, de murailles.*

discarguein, *décharger.*

disclomein, digloumein, *dénoüer* [**discoulma**; bas-vannet. **disclomein**].

discôàrn', *les oreilles* [*v.* **scoarn**].

discôàrnein, *couper les oreilles.*

discoëin, *montrer, faire voir*; discoëin scler, *démontrer* [**discouez**].

disconfort, *découragement, abatement, qui est sans secours, inconsolable.*

disconfortein, *décourager.*

discontein, *prononcer des oraisons, guérir par des sortiléges* [**discounta**].

discoüai, *les épaules* [*v.* **scouas**].

discour, discourein, *dépendre.*

discourein, *discourir.*

discourn', *dégel, débacle.*

discournein, *dégeler.*

discredein, *décroire.*

discredic, *défiant, incredule, mécreant.*

discreinein, *egrener* [cf. **scruniein**].

discrénét, *egrené.*

discri, *décri*; **discrial,** *décrier.*

discueh, *relâche, delassement* [**diskuiz**; bas-vannet. **dišuic'h**].

discueh, discuih, *relâché, delassé*; ronset discueh, *chevaux de relais*, ou ronsét fresq.

discuehein, *delasser* [**diskuiza**].

discumein, *écumer.*

disguible, *apprentif, sectateur, disciple* [**diskibl**].

disinour, dizinour, *ignominie, infamie, deshoneur, diffamation* [**dizenor**].

disinourable, *ignominieux, infamant, diffamant.*

disinourein, *diffamer, deshonorer*; disinourein ur verh, *abuser d'une fille.*

di[s]lar, *dedit* [**dilar** existe aussi].

dislarein : im zislarein, im zislaréet, *se dedire.*

dislitüein, *décolorer, déteindre, ternir* [cf. [**disliva**].

dismant, *dégât, ravage, prodigalité, destruction.*

dismantein, *dissiper, consumer, absorber, fripper.*

dismantour, *prodigue, frippe-sauce, destructeur.*

dispar, *inegal, au dessus ou au dessous par le rang, impair, dissemblable.*

disparein, *dépareiller.*

disparissein, *s'épousser. disparoître, s'écclipser.*

disparti, *départ, délogement, séparation*; mangoër a zisparti, *mur de reffante.*

dispartiein, *déloger, désunir, décamper, partir.*

dispennadur, *déchiquement, défaite, rupture.*

dispennein, *rompre, mettre en pieces, déchirer, défaire, démolir, dépeser, abattre*; dispennein à behieu, à damigeu, *déchiqueter, découper*; dispennein a garterieu, *ecarteler*; dispennein un dimeen, *défaire des fiançailles, démarier.*

dispign', *dépense, entretien,* [pl.] **dispigneu.**

dispignein, *dépenser.*

displeguein, displiguein *ou* **dibléguein,** *débaler, déployer, étaler, dérouler, déplisser.*

displigeadur, *déplaisir* [**displijadur**].

displigein, *déplaire.*

displiguein [*v.* **displeguein**].

disprisable, *méprisable.*

disprisance, *mépris, dédain.*

disprisein, *mépriser.*

disprisus, *dédaigneur.*

disquannein, *enlever une petite peau ou la laisser comme une couleuvre* [*v.* **discantein**].

disquenn, *descente, vallée* [**diskenn**; bas-vannet. **dišenn**].

disquenn, disquennein, *descendre*; disquen diar varh, *descendre de cheval, mettre pied à terre.*

disquét mat, *bien-né, bien-élevé, bien-appris*; goal disquét, *mal-né, mal-élevé, mal-appris* [**desket**].

disquient, *fou, folie, extravagant* [**diskiant**].

disquientein *ou* **disguêntein,** *affoler, rendre fou, hors de raison.*

disronnein, *démaillotter, déplier, déroûler* [*v.* **gronnein**].

dissehein, *dessecher, égoutter, épuiser, tarir* [**dizec'ha**].

disséhereah, *dessechements.*

dissièllein, *décacheter, lever les sceaux* [**disiella**].

dissodein, *déniaiser.*

dissolitte, *insolite, évanté, leger, libertin.*

dissoniq, *doucement, sans bruit.*

dissontein, *perdre plante.*

dissortable, *qui ne sied pas bien.*

dissourçi, *sans souci.*

dissul, *dimanche.*

distaguein, *détacher, découpler, deteller, démembrer, démordre, déprendre.*

distalmein, *s'emporter, s'empresser, ruer :* distalmein a ra, *il ruë.*

distanquein, *déboucher;* ur hachette **distanque,** *un cachet volant* [**distanca**].

distaoüein, *appaiser.*

distenn, distennein, *délirer.*

distér, *chetif, foible, fresle;* en **distéran,** *le fretin, le rébut, le plus mauvais* [cf. gall. **diystyr**].

distérage, *bagatelle, vétill* [pl.] **distérageu.**

disterdein, *déroidir, lâcher.*

disternein, *dézeurdir, dèsencombrer.*

disteüein *ou* **distefein,** *déboucher* [**distoufa, distouva;** bas-vannet. **distouein**].

distillein, *s'énoncer, bien débiter.*

distil mat, *belle prononciation, beau débit.*

distonein, *charuër au mois de mars pour préparer la terre à être semée en octobre.*

distrahein *ou* **distreah,** *dissiper, s'en aller, quand c'est quelque chose inanimée.*

distrampein, *delayer, dissoudre, infuser.*

distraquein, *décroter.*

distremein, *dépasser.*

distremeine, *cloison.*

distro, *détour, détroit, diversion, déclinaison, faux-fuyant, voirie pour les immondices,* pl. **distroïeu;** clasque distroïeu, *finesser;* en distro ag ur ruë, *le tournant d'une ruë.*

distroein, *détourner, distraire, dissuader, révirer;* distroëin doh Doüé, *se convertir à Dieu;* distroëin diar é opinion, *changer d'opinion;* distrocit bou face, *volte face, détournés le visage* [**distrei**].

distroïeu, *détours, plis, sinuosités* [*v.* **distro**].

distruge, *ravage, ruïne* [*g = j*].

distrugein, *démolir, détruire, ruïner, déconfire une armée, ou* etc.; distrugein é cuh, *supplanter* [*détruire en cachette*].

diüsquein, *dépoüiller, denüer, spolier, dezhabiller* [**divisca;** bas-vannet. **diwiskein**].

div, *deux,* pour le féminin [**diou, div**].

divalaü, *affreux, rude, et ne convient qu'au tems;* amzer divalau, *mauvais tems* [**divalo**].

divalibousein, *débarboüiller* [**divalbouza**].

divalüen, *sourcils* [*les deux sourcils : v.* **malüen**].

divambrage *ou* **diamprag,** *démembrement.*

divambrein *ou* **diamprein,** *démembrer* [*v.* **diampradur, dihamprein**].

divanchein, *démancher.*

divandein, divandennein, *débander.*

divaneguein, *déganter* [**divanega**].

divaq, *maigre, qui n'est pas nourri.*

divarre, *les jambes* [bas-vannet. **diwar**].

divarrein, *élaguer, ôter le comble.*

divarrénein, *débarrer.*

divarüein, *ébarber.*

divat, *furieux, violent, rude, sans compassion, sans égard, impétueux* [bas-vannet. **divad,** *adverbe : pas trop*].

diveaoüein, *desennivrer, dessouler* [**divezvi**].

divéat, *ici* **dévéhat,** *tard, tardif* [**divezad**].

div-eguein ur goutel, *épointer un couteau.*

divəh, *effronté, insolemment* [**divez**].

divehein, *décharger;* divehein er galon, *vomir.*

divehtêt, *insolence, effronterie.*

divelgrein, *dérouiller* [**divergla**].

divér *ou* **divir,** *dégoût, distillation.*

divéradur, *découlement, dégoût, distillation.*

diverblein, *démeubler, déménager.*

divêrche, *radiation, rature.*

divêrchein, *démarquer, effacer.*

divérein, *ici* **divirein,** *couler, dégoutter, égoutter, ruisseler* [**divéra**].

divergondage, *insolence.*

divergondein, *se gendarmer.*

divergont, *effronté, insolent.*

divergontisse, *effronterie, audace, immodestie.*

diverremant *ou* **deverremant,** *divertissement* [cf. **diverr-amzer,** *passe-temps*].

divés, *les lèvres* [**diveus**].

divesguel ur velin, *les ailes d'un moulin* [**diouaskell;** bas-vannet. **diweşell**].

divesure, *énormité, excès.*

divinadel, *énigme.*

[**divir** : *v.* **divér**].

divis, *point coutageux, sans frais.*

divlam, *innocent.*

divleu, divleau, *chauve, sans poil.*

divlèüein, *peler, ôter le poil* [**divlevi**].

divoëllein, *effondrer, vuider* [**divouzéIla**].

divondein, *débonder* [bas-vannet. **divontein**].

divordein, *déborder.*

divorraillein, *déverrouiller.*

divorus, *dévorant, vorace.*

divottein, *déchausser.*

divottennein, *émotter.*

divouchein er goleu, *moucher la chandèle.*

divouclein, *dégrafer, déboucler.*

divourgeonnein, *ébourgeonner.*

divouttein, *supplanter.*

divouttonnein, *déboutonner.*

divredoüillein, *débredoüiller.*

divreh, *les bras;* divreh ur velin, *les ailes, les branches d'un moulin* [**divreac'h**].

divridein, *débrider.*

divroëin, *bannir, forbannir* [**divroi**].

divroët, *vagabond, exilé, survenu.*

divrouillein, divouroüillein, *débrouiller.*

divroüillemant, *débrouillement.*

[**dizairéd**] : dizairéd eu ër hliuuét tchou, *il a surmonté la maladie.*

dizalbadein, *ravager;* **dizalbadour,** *destructeur.*

dizamarrein, *délier, dézamarrer* (term de marine).

dizanaudigueh, *ingratitude, méconnoissance.*

dizantein, *édenter.*

dizeannein, *enfoncer, ôter le fond.*

dizibrein, *desseller.*

diziméein *ou* **dizimezin,** *démarier.*

dizinour : [*v.* **disinour**].

diziotein, *déniaiser.*

dizişquein, *désapprendre, oublier.*

dizobér, *défaire;* him zizobér, *se défaire, se démettre de quelque chose.*

dizoléin, dizolo, *déceler, découvrir un secret ou quelqu'autre chose, dévoiler* [**dizolei**].

dizolhein, *essonger.*

dizolhét, *délavé, éssongé.*

dizolo, *découvert, découverte.*

dizonneste, *indecent, deshonête.*

dizordrennét *ou* **dizordrét,** *demesuré, déreglé, dérangé dans la conduite.*

dizoüarein, *déterrer.*

dizouje, *qui ne craint rien.*

dizouri, disouriadur, *découture,* [cf. **disgri**].

dizouriat, disouriein, *découdre* [cf. **disgriat**].

dizourn, *sans main.*

dizruein, *dégraisser.*

dluh, dluhen, *truitte,* pl. **dluhet** [**dluz** = **tluz**].

dobér, *affaire, besoin* [= **de ober,** *à faire*].

doctrin a grecheneah, *doctrine chrétienne.*

dogue, *dogue,* fém. *dogués,* pl. **doguét, doguézét.**

dom, *qui est dans les ordres,* qu'on *appelle* Dom-Jan *ou* Dom-Claude, etc. [pl.] **dommét.**

don, *dont, dompté, privée, apprivoisé* [**dŏ, dov**; gall. **dof**].

donæson, *donation, don.*

donè mat ag er blai nehué, *étrennes.*

dongér, *bondissement de cœur* [bas-vannet. **dŏjer**].

donnat, *apprivoiser* [**dŏa, dŏva**].

donnat, *creuser, approfondir;* deunat a ra en deure ama, *l'eau hausse ici* [**dounaat**].

donnedigueh, *avenement, arrivée, venuë.*

donnét, donte, *venir;* donnét debeen, a ben, *venir à bout, vaincre;* donrét ha monnét és er mor, *flus et reflus de la mer* (ér chale hag en dichale, *est meilleur*) [bas-vannet. **donet, dŏnt**].

dor, *porte,* pl. **doreu, doradeu;** dor a ziardran, dor cuhét, *poterne, porte de derriere, porte cachée ou fausse porte;* dor bihan, *guichet* [**dor, dorojou, dorajou;** bas-vannet. **dŏr, doredaw**].

[**dor-alhué**] : un dor alhué, *une serrure.*

doreadeen, *une dorée* (poisson).

[**dorh**] : un dorh, *tourte (de pain,* pl. **torheu** [*v.* **torh**].

dorhel, *une louppe, ici* ur gangrenë.

[**doriquell** : *v.* **oriquell**].

dorlottein, *mignonner, caresser, attraire.*

[**dost**] : a dost, *de près* [*v.* **tost**].

doüar, *terre;* doüar noble, *franc aleu, terre noble;* doüar biu, *terre glaise;* teile-doüar, *terreau* [gall. **daear**].

doüarein, *enterrer, couvrir de terre;* douarein er gué, *réchauffer les arbres;* him zoüarein, *se terrer.*

[**double**] : un double, *une copie, un double.*

doublein, *copier, doubler;* doublein un ti, *plancheyer, terrasser.*

douçat, *appaiser, adoucir.*

douçe ba simple, *bonace, doux et simple.*

[**doucheen**] : un doucheen foüet, *une pointe de fouet* [= **toucheen**].

douçic, *doucement, bellement.*

doüêré, *nouvelles* [**doaré**].

dougeance, *crainte.*

dougein, *craindre, apprehender* [**douja**].

douguein, douc, *porter, emporter;* **douguéd** on den dra zé, *je suis enclin, porté à cela (se dit du bien comme du mal* [**dougen**; bas-vannet. *idem;* moy.-bret. **doen;** gall. **dwyn.**

[**dourmantein**] : him dourmantein, *se démener, se tourmenter* [= **tourmantein**].

dourn, *main.* pl. **dourneu** *ou* **devourn** [*les deux mains*]; taul dourn, un taul dourn, *un coup de poing, gourmade;* **meil dourn,** *ici* dourn chairt, *poing* [gall. **dwrn,** *poing*].

dournat, *poignée.*

dournein, *battre;* dournein en eet *ou* ét, *battre le blé.*

dournour, *batteur,* [pl.] **dournerion.**

doustér, *douceur, simplesse, bonté.*

dovés, pl. **dovéseu,** *douves, ici* doze, dozeu [**douvez, douez,** pl. **douvesiou, douesiou**].

drailladur, *fracture, déchirure.*

draillage, *lambeaux.*

draillein, drâillein, *briser, moudre, mettre en poudre, déchirer, délabrer, fracasser* [corn. **dral,** *morceau*] (1).

draillereh, *déchirure, fracture.*

draima, draizé, *par ici, par-là* [= **dré-ma, dré-zé** : *v.* **traimna**].

[**dram**] : un dram, *une doze, une médecine.*

___

(1) *Cf.* gall. **dryll,** *morceau;* **dryllio,** *briser, mettre en pièces.*

-dram (en-) : *v.* **endram** [**dramm**, *javelle, poignée de blé coupé avec la faucille*].

dramoüillein, *patiner*.

dramsél, *un regard imparfait, un coup d'œil en passant*.

dramsellein, *entrevoir, voir imparfaitement* [**dam-zellet**, *regarder à demi*].

dras[q], *grive, traye (oiseau) ;* pl. **drasquét**, *ici* **darasqle, darasqlét** [**drask, drascl**, gall. **tresglen**].

dré, *par ;* dré drompereh, *subrepticement, par finesse ;* dré guementçé, *partant, par conséquent ;* dré ziannen, *par le bas ;* a dré, *d'entre* [gall. **trwy**].

dréau, *trève, feillette,* pl. **dreaueu** [= **treau, trev, trèo ;** bas-vannet. **trẽw̆**].

drein, [sing.] **dreizene**, *épine, ronce ;* bot drein, *brousse d'épine* [cf. gall. **draen, dryssi**].

dreindét, *Trinité ;* en tri person ag en **Drindét**, *les trois personnes de la Trinité* [**Treinded, Trinded ;** gall. **Trindod**].

dreinec, *plein d'épines, épineux, un halier, brousse d'épines.*

[**dreizene** : *v.* **drein**].

dren, *pivot, ici* **selle** un or, *pivot d'une porte.*

drés *ou* **drest**, *au dessus, de biais, par dessus :* drés pep trà, *principalement, sur tout ;* drés en ordiner, *extraordinaire ;* drest on, *au dessus de moi* [**dreist ;** bas-vannet. **dreist ;** gall. **tros**].

[**drés**] : un drés, un drezel, *un travers.*

[**drés**] : a drés, *à travers* [bas-vannet., léon. a **dreuz ;** gall. **traws**].

drespét, *dépit ;* ĕn drespét, *en dépit* [**despet**].

dresquis, *passage à l'eau au milieu d'une terre ensemencée ;* pl. **dresquiseu** [= **treskiz**].

dresquisein, *ouvrir un passage à l'eau à travers un champ.*

dressein, *dresser, ranger, ageançer, accommoder.*

[**drest** : *v.* **drés**].

drét, *droit* (adjectif *ou* substantif); drét de rein è voeh, *voix délibérative.*

[**dro**] : deu ahuél *ou* aüel a dro, *deux vents, tourbillon* [*v.* **tro**].

[**droeit**] : him droeit, *rangés-vous, gars, place* [*v.* **troein**].

[**droet**], *droit, prétention ;* pl. **droedeu.**

drouc, *mal, mauvais* (substantif et adjectif); drouc calon, drouc er felh, *mal de cœur, de rate ;* drouc er Roüé, *écrouelles* [gall. **drwg**].

drouc-coutant, *mécontent.*

drouc sant, *mal dont quelque saint guérit.*

droucsant, *présage, préssentiment.*

droucsantein, *présenter.*

droüillenn, *une gagui (voyés* **vandroguenn**).

dru, *plantureux, épais, gros, rebondi* [**druz**].

drugeal, *batifoler, badiner.*

drugét, *enjoüé.*

druhein *ou* **druhat**, *engraisser* [**druza**].

druni *ou* **durionni**, *engrais, graisse* [**druzoni**].

du, *noir, nébuleux ;* du pot, *tout noir, beau noir.*

dùadur, *noirceur.*

duart, *noiratre,* fém. **ur zùardel**, *ou* **ur zùade.**

duchentil *ou* **dugentil**, *gentils-hommes ;* un dugentil, *un gentil-homme.*

duein, *noircir, machurer.*

[**duemmés**] : un duemmés, *chevrette, femelle du chevreüil.*

duhont, *de-là.*

dumenn *ou* **duma** *ou* **duman**, *deça* [*v.* **tu**].

[**dumés**] : un demés *ou* un dumés, *une biche* [**demm**, *chevreuil, daim ;* **demmez**, *femelle du chevreuil*].

duzé, *de-là* [*v.* **tu**].

E

e, *en* : mé gréd é Doüé, *je croi en Dieu:* e guirionné, *en vérité;* ér guér, *dans la maison* [*v.* **biés**].

e, *est* : éma azé, *il est là;* mé é, té é, *c'est moi, c'est toi;* ean é, hi é, *c'est lui, c'est elle;* mar dé mé é, *si c'est moi;* n'en dé quét mé é, n'en dé quét té é, *ce n'est pas moi, ce n'est pas toi;* n'en dé quét ni é, *ce n'est pas nous;* dẽ biu é? *à qui est-il?* Din mé é, *il est à moi;* didé é, *il est à toi* [**eo; ema**].

[**e,** pron. possessif de la 3° personne du sing.] e hani, *sien,* éré, *leur* (1) [*v.* **ardran, ardro**].

ean, *lui* [hẽ; moy.-bret. **ef, eff**; gall. **ef** (2).

ean *ou* **eihuë,** *ciel,* pl. **éaneu** [ẽv, eõ; bas-vannet. **ẽẅ**].

eanne, *droit* (adjectif) [**eeun;** bas-varnet. **eẅenn;** gall. **iawn**].

eannein, *dresser, mettre droit.*

ebel, *poulain,* [pl.] **ebelion** [**ebeul;** gall. **eboî**].

[**écheine** : *v.* **couplë** *et* **éjon**].

edan, *dessous* [*v.* **didan**].

éenë, enë, *oiseau,* pl. **énét,** ou à Sarzeau, **eer, eerét;** un éenë giboisour, *oiseau de proie* [**evn, ein;** bas-varnet. **in; eer;** gall. **edn** : *v.* **giboësér**].

eer : en eer, *l'air.*

[**eer** : *v.* **éenë**].

eerh, *neige* [**erc'h;** gall. **eiry**].

éerhuë, *sillon,* [pl.] **eerhuen, érhui** [**ero, irvi;** gall. **erw**].

[**eet** : *v.* **dournein** *et* **ét**].

effêt, *effet;* lacat én effêt, *effectuer;* guet effêt, *efficacement.*

eguilé : *v.* **eil**.

ehani, pl. **ere,** *sien, leur* [*v.* **hanni**].

ehom, éhomigueh, *besoin* [**ezom;** corn. **ethom**].

ehomec, *nécessiteux.*

ehué, *aussi, pareillement* [**ivez;** corn. **awedh, enwedh**].

ehus, *epouvantable, affreux* [**euzus**].

eih, *huit* [**eiz**].

eihuét, *huitiéme, huitaine* [**eizved**].

eil : en eil, *le second;* pebeil gueh, *à l'alternative, réciproquement, alternativement, l'un après l'autre;* en eil hac eguilé, *l'un et l'autre;* eil dor, eil fenestr, *double porte, contre-fénétre;* peb eil pen, *à bâton rompu, bout pour bout* [bas-vannet. **ben eil cueh, en eil ag er gile**].

ein, *des agneaux* (au pluriel) [*v.* **oen**].

[**eineip** : *v.* **enep**].

eistra, *pécher des huîtres* [*v.* **istren**].

eistrenn, *huistre,* pl. **eistre.**

ejon, *bœuf,* pl. **ohein** *ou* **ehin** (3) (voyés **ijonn**) [**ejen;** bas-vannet. **eijenn**].

[**el** : article, devant les mots commençant par **l**].

el, *comme;* el meidé, *comme il est;* el meidé deen, *en tant qu'homme* [*v.* **evel**].

elsé, évêl, éhalsé, évelcé, éstalcé, éstaçé, *ainsi, comme cela, tout comme* [*v.* **evel**].

[**em** : *v.* **en**].

ema, *il est* : mé gréd éma, *je crois qu'il est.*

emmesque, *parmi, au milieu* [*v.* **en, e** *et* **mesquein**].

empézereh, *empesage* [cf. **ampeza,** *empeser*].

[**en,** *dans;* **em,** *dans, chez;* em zi, *chez moi;* ém bro, *dans mon païs* [*v.* **e; ém** = **e** + **m** *pron. possessif*].

---

(1) *Les siens,* à moins qu'on ne suppose **o** ou **ou** ré, *les leurs.*

(2) Pour **neff,** gallois **nef;** le haut-vannetais, prononce en beaucoup d'endroits **niãẅ;** bas-vannetais **'n ẽẅ.**

(3) Il faut lire vraisemblablement **ohain** ou **ehein** : *v.* **ijonn**.

[**en**, *le, la, les : v.* **er, el, arriv, eil, bis**].

[**enan**] : gouil en enan, *la fête des trépassés* [**ene**, pl. **eneou; anaoun**, *les âmes des morts;* bas-vannet. **inãw̃**, pl. **inãwạw**].

endevout, *avoir*.

enép, *contre;* enep ten ol, *contre tous;* amĕ énep, *contre moi;* enep d' é (1) galon, *à contre-cœur;* enep d'én dé, *un faux jour;* eineip dén hiaule, *au soleil;* en tu garinep, *à l'envers*.

enés *ou* **enésen**, *isle;* pl. **enesi, énéset, énézégui** [haut-vannet. **inis;** gall. **ynys**].

enetein, énetat, *chasser aux oiseaux* [**evneta**].

enéval, *animal, bête,* [pl.] **énevalét** [**aneval;** gall. **anifail**].

enevaligueh, *bêtise*.

[**énévat** : *v.* **inévat**].

[**enfin**] : un enfin a dut, *une grande multitude*.

enour, *ici* **inour**, *honneur,* [pl.] **inourieu;** ur baseu ihuél, ul leh a inour, *un grade, une place d'honneur* [**enor**].

enquadur, *etrecissement*.

enquĕ, *étroit, serré, oppression* [**enc**].

enquein, enquat, *serrer, mettre à l'étroit, étrecir, oppresser* [**enkaat**].

enta, *donc*.

en tu hont, *au delà*.

en tu man, *en deça*.

epen *ou* **opeen** : épen quemetcé, *outre cela* [**oc'hpenn, ouspenn**].

equippein, *harnacher, équipper* (voyés sur A).

[**er**, *article,* devant les mots commençant par une autre lettre qu'une voyelle et les consonnes *l, t, d : v.* **arriv, bêlec, porh**].

ér, *heure, la 24ᵉ partie d'un jour,* [pl.] **érieu;** ur hard-er, un anter-ĕr, tri har-der, *un quart, une demi, trois quart d'heure;* **aerieu**, *un livre pour prier Dieu (des Heures);* ĕrieu ur bellec, *les petites heures d'un prêtre* [bas-vannet. léon. **eur**].

ered, *nopces, epousailles,* [pl.] **éreddeu** [**eured**].

eréd[e]**in**, *épouser*.

ereten *ou* **ëletteen** *ou* **erüen**, *airelle* (*planche de jardin*) [**ervénn**, *planche de jardin*].

erfin, *à la fin, enfin*.

ergottein, *pointiller, indiquer*.

ergottus, *pointilleur*.

[**erh** : *v.* **eerh**].

[**érhat** : *v.* **famil**].

erhoüalh, *assés* [cf. **awalc'h, awalac'h**].

ermés, *dehors* [**érmeaz** = **é** + article **r** + **meaz**, *champ*].

erriein *ou* **ariein**, *lier* [*v.* **ari**].

erü, pl. **irüi**, *sillon* [**ero**, gall. **erw**].

és, *aise, commodité;* én é és, *à son aise*.

[**ès, és**, *de*, prép. : *v.* **blêt, corn, donnét;** cf. **es, eus**].

escopti, *episcopat, evéché*.

esperge, *aspersoir, goupillon,* [pl.] **espergeu**.

esporn, *epargne*.

espernein, *epargner*.

espion, *espion;* pl. **espionnét**.

[**esquern** : *v.* **ascourn**].

esquét, *ombre;* mĕ esquét, *mon ombre* [**skeud;** gallois **ysgawd**].

est *ou* **æste** : *moisson,* l'aoust; mis est, *mois d'aoust* [**èost;** gall. **awst**].

estein, *aouster, moissonner, faire la moisson*.

estic, *rossignol* [**eostic;** gall. **eos**].

estimein, *estimer, priser, apprécier*.

estran *ou* **estrén**, *etranger, forain;* pl. **estrangerion** [**estren**, plur.; gall. **estrawn**].

estroh, *davantage, plus* [**estr, estroc'h**].

et, *grain, quand c'est du froment ou du scigle* [**ed;** gall. **yd**].

____

(1) Contrairement à son cœur.

eta *ou* **enta**, *donc* [corn. **ynta**].

etal, *auprès*.

etré, *entre*; etré dé ha nos, *entre chien et loup*; etré deu linen, *interligne*.

etrétant (1), *en attendant*.

eu, *est* : v. **dizaired** [**eo**; bas-vannet. **e** (ŏ); gall. **yw**].

eüeh, *garde, précaution, vigilance, aguét*; lacat én éüeh, *apposter, mettre aux guets, en sentinelle* [**evez**].

euéhat *ou* **euehein** *ou* **lacad éueh**, *prendre garde, s'apercevoir, remarquer, veiller à quelque chose, observer, soigner* [**evesaat**].

eüehet, *vigilant, soigneux.*

euit, **eüeït** *ou* **aveit**, *pour, afin*; euit ma, *a ce que, affin que*; euit fin, *enfin* (se dit aussi en breton comme en françois).

eune, *crainte, peur*; guet eüne na, *de peur que* [**aoun**; bas-vannet. **awen, aōn**; gall. **ofn**].

eünein, *faire peur, effaroucher* (guères usité); on dit **scontein** *ou* **lorhein**).

eünus, *peureux* [cf. **aounic**].

euradur *ou* **aleuradur**, *dorure.*

eure, *or*; eure néét, *or trait ou en feuille*; eure polissét, *or bruni* [**aour**].

eurét, *doré*; ru eurét *ou* soul aleurét, *vermeil, doré* [**aouret, alaouret**].

eutru, *ailleurs*; **autrou**, *soigneur, monsieur* [bas-vannet. **otraou, otro**; léon. **aotrou**].

evage, *brevage, potion, bevette.*

evel, *aussi comme*; évelsé, *comme cela.*

even *ou* **ivein** en ur stoqui[e]n er guére, *chinquer, choquer le verre en beuvant ensemble* [**eva, efa**; bas-vannet. **evet**].

evin *ou* **ivin**, *ongle*; pl. évineu, évinet (2) *ou* evineu, ivinét [**ivin, ivinou**; bas-vannet. **iwin**; gall. **ewin**].

evle *ou* **ivle**, *huile* [**eol**; bas-vannet. **ivoul**].

evlein *ou* **ivlein**, *huiler.*

evreine, *rêve*; pl. évreinneu [**huvré, hŭvré**; bas-vannet. **hĕvré**] (3).

évreinnein, *rêver.*

exampl vat, *édification, de bon éxample*; a exempl vat, *édifiant, de bon éxample.*

explétein, *exploicter.*

exprés, *idem*, expréss caire, *tout exprés.*

ezré, mis ezré, *octobre*, ici mis gouïl Miquel [*mois de la fête de saint Michel*] [**héré**; haut-corn. Faouet **hero**; moyen-bret. **hezreff**; gall. **hydref**].

F

[**façat**] : ur façat, *un soufflet, un coup de poing au milieu du visage.*

façe, *visage, face*; distroeit hou façe, *volte face.*

[**façe**] : ur façe, *une foisse.*

fachonni, *colere, indignation, facherie* [cf. moy.-bret. **fachaeson**; léon. **facha**].

fæçon, *façon, manière*; guel a fæçonnieu ! *que de façons!*

fæçonnein, *façonner, stiler.*

fæçonnus, *façonnier, grimacier.*

fagodein, *fagotter.*

fagodene, *fagot*, pl. **fagot.**

fagotereh, *fagottage.*

fah en infam, *fi le vilain.*

fâiein, *manquer, ségarer, faillir* [,] *se tromper* [cf. **fazia**].

fal, *mauvais, méchant, foible, malingre.*

[**fal**] : iné fal din, *je veux* [*il me faut*] [**fell**, 3e pers. du sing.; infin. **fellell, fallout**].

---

(1) Ecrit *etétant.*

(2) Ecrit *evinec.*

(3) *Cf.* corn. **hunrus** (orig. mundi 1954); **henrosa**, *rêver* (Resurr. Dom. 517). On peut se demander s'il n'y a pas une erreur de lecture.

falh, *faulx* [**falc'h,** pl. **filc'hier**].

falhan, *faucon,* [pl.] **falhannét** [cf. **falc'hun**].

falhein, falhat, *faucher* [**falc'hat**].

[**falhic** : *v.* **falzic**].

falhour, *faucheur,* pl. **falherion** [**falc'her, falc'herien**].

fallanté, *méchanceté, fausseté* [**fallĕntez**].

fallein *ou* **fallat,** *attenuer, déperir, rengreger, empirer, affoiblir, degénérer* [**fallaat**].

fallein a ra dehou, *il demande, il souhaitte, il veut que, etc.* [*v.* **fal** 2].

fallidigueh, *epuisement de forces, accablement, foiblesse, paresse, lacheté, imbecillité (guéres usité).*

fals, *famille,* [pl.] **felhér** [**fals,** pl. **filsier**].

falzic *ou* **falhic,** *serpette* (1).

famellenn, *sexe feminin, femelle,* pl. **famell** *ou* **femelen,** pl. **femele.**

famil, *idem :* saouét endés ér hat é famil, *il a bien avancé sa famille;* tad à famill, *pere de famille.*

fanc, *boüe.*

fanfaron, *idem;* gobér er fanfaron, *faire le gros Monsieur.*

fanfaronage, *forfanterie.*

fanguiguel, *une marre, une bouë* [**fänkigell**].

fangus, *boüeux.*

fantasi, *quinte, boutade, verve, désir* [**faltazi**].

[**faouen** : *v.* **faü**].

faoüen, *féve,* pl. **faü** [**favenn,** pl. **fa, fao, fav**).

farçal, *faire le boufon, folatrer, goguenarder* (2); hep-farcal, *raillerie à part* [bas-vannet. **farsal**].

farçe, *raillerie, plaisanterie, turlupinade;* ur farçe, *une satyre, un conte pour rire.*

farçér, *facetieux, foliare, enjoüé, goguenard.*

farçereh, *mascarade, farce.*

farçus, *fabuleux, fait pour rire.*

fari *ou* **fariein,** *manquer, égarer, faillir, se tromper* [cf. **faiein**].

farlaudenn, *gagui, liberalle.*

[**faü**] : coet faü, *hestre, fouteau* [sing. **faouen;** léon. **faoenn, favenn,** pl. **fao, fav**].

[**faü** : *v.* **faouen**].

[**faus**] : e faus, *faussement* [**faoz**].

[**faute**] : paud à faute, *il s'en faut beaucoup;* né faute quét, cals, *peu s'en faut.*

fautein, *manquer, faillir, se tromper;* fautein ara, *il faut* [bas-vannet. **fotein**].

feahein, *vaincre, surmonter, subjuguer ses ennemis* [**feaza;** corn. **fethe**].

feente, *turlupinade, plaisanterie, conte, gaillardise;* et ailleurs, *grimaces, mines, façons,* pl. **fenteu.**

feillenn, *feuillet,* [pl.] **feillenneu** [du franç. *feuille*].

felh, *la rate* [**felc'h**].

femelen, femele : [*v.* **famellenn**].

ferm coet, *ferme de charpente.*

fesquen, *gerbe, un paquet de bled,* pl. **fesquat;** ur fesquen plous, *un fagot de paille* [**feskenn,** usité aussi en haute-Corn.].

festaillein, *défrayer la nopce, les fiançailles, faire bonne chere* [*festoyer*].

festailleu, *bonne chere pour nopces, ou fiançailles.*

feste, *banquet;* festeu nos, *veillée, assemblée de nuit* [**fest;** bas-vannet. **fešt, vešt,** *danse*].

feténě *ou* **fetan** *ou* **fet[e]in** (3) *ou* **fenten,** *fontaine,* pl. **fetenieu;** pot fetene, *fontaine, ou cuvette à laver, ou cruche pour aller à l'eau* [**feunteun;** bas-vannet. **vantän**].

---

(1) *falhic* est en réalité le diminutif de *falh;* de même *felhér* est le pluriel de *falh.* Cillart donne, avec raison, comme pluriel, à *fals,* **felzérr, felziérr,** et à *falh,* **felhérr.**

(2) Écrit *gognenarder.*

(3) Écrit *fetin.* Cillart : *fetan* et *fetein.*

feténour, *fontenier.*

feutadur, *festure, incision.*

feute, *fente,* pl. **feuteu** [léon., bas-vannet. **faout**].

feutein, *fendre, fester, inciser* [**faouta;** bas-vannet. **faoutein;** cf. gall. **hollti**].

feutour, *fendeur.*

fichein , *fourgonner , fourer , ficher* [**ficha**].

fichellein, *ficher* [**fichella**].

fignol *ou* **fillol** *ou* **fillor,** *filleul;* pl. **fillorét; fillarés,** *filleule,* pl. **fillorézét** [**fillor, fillol;** bas-vannet. **friol**].

figuezeen, *figuier* (1).

figuezenn, pl. **figués,** *figues* [**figezenn, figez**].

filage, *filerie* [pl.] **filageu** [bas-vannet. **filaj,** *veillée*].

[**finan**] : er finan ag er blèt, *la fleur de la farine* [*le plus fin*].

flagornér, *rapporteur, rediseur,* *boutte feu.*

flam, *flambant;* tàn flam, *feu flambant.*

Flamanc, *Allemand, Flamand, Hollandois;* [pl.] **Flamanquet.**

Flamanqués, *Allemande, Flamande, Hollandoise.*

flammeim, *flamber* [**flamma**].

flastrein, *écraser, froiser, fracasser* [**flastra,** bas-vannet. **flaštein**].

flaüitat, flaouitein, *flûter.*

flaüitour, *flûteur.*

flaüitte, flaoüitte, *flûte* [pl.] **flaoüiteu** [bas-vannet. **flewit**].

flem, *flegme,* [pl.] **flemeu.**

[**flem**] : flem ur huirenen, *ou* ur huispædenn, *l'aiguillon d'une abeille, d'une guespe* [**flemm**].

flemichein, *flamboyer.*

flemichus, *flamboyant.*

flemmicheu, flemmichenneu, *grumau de flame.*

fler, *ici* **frenn,** *odorat* [*v.* **fren;** **flear,** *mauvaise odeur, puant;* gall. **flair**].

flondrenn, *vallée,* pl. **flondrenneu** [**flondrenn**].

[**flour**] : flour (2) er blet, *fleur de farine.*

flourdelissenn, *fleur de lys, lys* (*fleur*).

foeldre, *foudre;* er foeldre, *la male bosse* [**foeltr**].

foeldrein, *briser, enfoncer, pourfendre* [**foeltra,** bas-vannet. **foultein,** *défaire*].

foeldrus, *fulminant.*

foen, *foin* [bas-vannet. **fwenn**].

foennein, estein er foen [*moissonner le foin*], *fanner* [bas-vannet. **fwenat**].

foennour, *faneur.*

fogein, *foüir* [**foja, fojea,** *donner un troisième labour à la terre, d'après Le Gonidec et Troude*].

fol, *fou, fanatique.*

foleh, *folie, marotte* [**follez,** *plus souvent* **follëntez**].

[**fond**] : er fond ac en doüar, *la qualité de la terre.*

[**fonn**] : né fonn qué dein, *je ne puis pas avanger.*

fonnus, *qui avange* [**founnus**].

forbannein *ou* **forbannissein,** *proscrire.*

[**forest** : *v.* **dibitein**].

forh, *fourche,* pl. **ferhér** [**forc'h, ferc'hier**].

forh, *beaucoup, ou souci;* né ran forh, *je ne me soucie pas;* forh caire, *bien beau* [léon. **forz;** cornique **fors**].

forhein, *priver, sevrer* [cf. **diforc'hein**].

formalité, formalitéeu, *solemnitez d'un contrat.*

formein, *stiler, former* [cf. **furma;** moy.-bret. **fourme,** *forme*].

[**foüanü**] : foüanü er gouc, *goistre, mal de gorge.*

---

(1) Écrit *fuiguezeen, fuiguier.*

(2) Aujourd'hui *adjectif,* presque partout *doux au toucher, mou, dodu.* Cette évolution vient de la construction de *flour* qui suivait le substantif dépendant : *bleud flour (fleur de blé,* puis *blé de bonne qualité).*

foüanüadur, *enflûre, tumeur*.

foüanüein, *enfler, gonfler, tumefier* [bas-vannet. **foĕẅein**].

foui, *fi; foui el lous, fi le vilain*.

foulat aüel, *un coup de vent*.

foule, *foule; tud a foule, foule de monde, grand abord de peuple*.

foulein, *fouler, presser;* mihér foulét, *feutre, étoffe foulée*.

fourchat, *une ajambée*.

fourchein, *ajamber*.

fourdouillat, *patroüiller*.

foureu *ou* fourreau ur glean, *gaine d'épée*.

fourniss' *ou* fournissét, *ample, bien rempli;* ur vroh, rë l'ournisse, *une jupe trop ample* [**fournis**, *complet*, en Cornouaille].

fournissein, *fournir, accomplir, executer*.

fournissoh, *plus amplement*.

fozellein, fozellat ul liorh de lacat couarb, *mettre la terre d'un jardin en fosses pour y semer du chanvre dans la saison*.

franc, *libre, franc, ingénu;* monet ér franc, *allarguer;* franc a gouc, *qui a un bel avaloir*.

francat, *alleger, commencer à revenir d'une maladie, faire mieux, mettre au large, à son aise;* franquet é dehon, *il se porte mieux* [**francaat**; bas-vannet. **francat**].

franquisse, *franchise, ingenuité, naïveté, sincerite, sauf conduit* [**frănkiz**].

frasenn, *fraise de veau*.

frehen, *fruit*, pl. **freh**, er freh, *fruitage,* güen freh *ou* froeh *ou* frehenn, *fruitier* [**frouezen, frouez**].

freïeu fal, *faux frais;* freïeu a bréferançe, *frais préjudiciaux* [bas-vannet. **frejaw**].

[freille] : freill de zournein, *fleau à battre* [**freill**, avec *l* mouillé].

fren, *narine*, pl. **diffren** [= *deux narines*; **fron, difron**; gall. **ffroen**].

fresen, *fraise (fruit)*, pl. **fres** *ou* **fras** [*v.* **frasen**].

fresq, *frais;* fresq biu, *tout frais* [**fresc**; bas-vannet. **vres-pĕẅ = fresc-bĕẅ**].

fresquein, *rafraichir* [**frescaat**, bas-vannet. **frescat**].

fri (1), *né*, [pl.] **frieu**; fri brein, *punais*.

friant, *appetissant, friant;* lacat devout friant, accoutumein d'er friantage, *affriander*.

friantage, *friandise, bonsbons, allechement;* gounit dré friantage, *affrioler, gagner par friandises*.

[friat] : ur friat butun, *une prise de tabac*.

[frigadel : *v.* **frougadel**].

frigalion ul lestre, *la proue d'un vaisseau*.

frim, *verglas*.

fringal, *fringuer, sautiller* [**frīngal**].

friol, friolés, *fillbul, filleule*, à Noyal-Pontivy [*v.* **fignol**].

fripponage, fripponereh, *friponnerie*.

fripponnein é cuh, *griveler, filoutter, friponner*.

fripponnel, *friponne, jeune friquette, coquette*.

frisottein, frisein munut, *frisotter, goderonner*.

frittaden, frintadel, *fricassée, friture*.

frittein, *fricasser* [**frita**; bas-vannet. **fritat**].

frottadur, *friction*.

frouden, [pl.] froudenneu, *passions, Inguiniel (2)* [**froudenn**, *idée bizarre, boutades*].

frougadel, frugadel, frigadel, *pissat, urine*.

fulat, *ailleurs* flumineneu, *bluettes de feu* [**fulenn, fulat**, en Corn.].

fumage, *foüage*, [pl.] **fumageu**.

fur, *habille, fin, avisé*.

furgein, *fouiller* [**furcha, furchal**].

furluquin, *pantalon, bâteleur, boufon, fou pour faire rire (à Rhuys)* [**furlukin**].

---

(1) *Cf.* cornique **frig**, *narine*.
(2) Commune du canton de Plouay (Morbihan).

4

G

[gaer] : en dra gaër, *il n'importe*, comme qui diroit *la belle chose !* [v. **caër**].

gaguillaudein, gaguillaut, *bredaüiller, bredoüilleur.*

gaï, *joyeux* [**gae,** bas-vannet. **ge**].

gaillard, *allegre, dispos, en santé.*

Gal, *Gaulois, Galo,* pl. **Galléuét** [léon., bas-vannet. **Gallaoued**].

galant, *amoureux, galant.*

[galdu] : ur galdu, *macreuse,* pl. **galdúét.**

galéeu, au singulier comme au pluriel, *galere* [**galeou,** bas-vannet. **gālaw**].

galennein, *galer.*

gallec, *françois, langue françoise.*

galüein, *appeller, nommer* [**gervel;** bas-vannet. **gerẅel;** gall. **galw**].

gambadein, *fringuer, gambader.*

gamberoteenn, *orniere,* pl. **gamberoteenneu.**

ganediguah, *naissance, nativité, procréation* [**ganedigez**].

gannein, *enfanter, accoucher, procréer, mettre au monde* [bas-vannet. **gänein; genel**].

[gar : v. **cof, coff; divarre**].

garderob, *latrine* [moy.-bret. **garderob**].

gareel, *belette,* pl. **garellét** [= **careel;** léon. **caerell**].

gargaten, *le gosier* [pl.] **gargatenneu** [**gargadenn**].

gargussenn, *le gosier,* pl. **gargussenneu.**

garh, ur arh, [pl.] **guerhér,** er guerhér, *fossé, quand il y a du plant dessus, car quand il n'y en a pas, on dit* caï, ur haï [**garz,** pl. **garzou, girzier;** gall. **gardd**].

garheu, ur arheu, pl. **garheüiér,** *éguillon d'un chartier* [**garzou, gärzouyer;** gall. **garthon**].

garhoueine, ur arhoueine, *éguillon d'un chartier,* pl. **garhouinieu.**

garhpren, ur arhpren, *éguillon pour charuer,* pl. **garhprenneu** *ou* **garheu, graspennec** [**garhpren** = **carhpren,* léon. **carzprenn, carpren, carpenn,** *proprement gaule avec pointe de fer, un bout en bois pour degorger le soc de la charrue,* gall. **carthbren, carthpren,** *mot-à-mot, bois pour nettoyer*].

[garinep (1) : v. **enép**].

garm, garmeu [pl.], *pleurs* [moy.-bret. **garm.**].

garmein, *pleurer, crier.*

garmour, garmér, *pleureur.*

garre, *jambe,* pl. **divarre;** coff er garr, *gras de jambe;* e goff garre, *son gras de jambe* [*en parlant d'un homme*]; coff men garre, *mon gras de jambe;* cein garre ou criben er garre, *l'os de la jambe* [pl. **diouar, diou-c'har;** gall. **gar**].

gars, *le mâle d'un oye, un jars* [**garz,** pl. **girsi, girzi**].

garuë, *étrange* [**garv, garo,** *âpre, rude, rigoureux;* gall. **garw**].

garzel, *ratelier,* pl. **garzelleu.**

gast, *garce, putain* (2), *gouine, gourgandine,* pl. **guisti;** mab er gast, *fils de putain* [**gast,** pl. **gisti**].

gastaour, *putacier* [**gastaouer**].

gat, *lièvre,* ur rat [un] *lièvre,* pl. **gadon;** gat cousquet, *un lièvre au gîte* [**gad,** pl. **gedon**].

gatéueenn, *gâteau,* pl. **gatéau** [bas-vannet. **gatęẅenn;** pl. **catęẅ**].

---

(1) Cf. gallois **gar, ger wyneb,** *en face de ?*
(2) Le sens propre est *chienne :* gallois **gast,** *chienne,* pl. **geist.**

gaudissadur, *plaisanterie.*

gaudissat, gaudissein, *goguenarder.*

gaudissour, *goguenard.*

gavlot (1), *javelot.*

gavre, *chevre,* ur avre [*une chevre*], pl.
guévre [guivre : *v.* **bronë**] [**gavr,
gaour;** pl. **gevr, geor;** gall. **gafr,
geifr**].

geauge, geaugeage, *assortiment, con-
venance* [= **joj**].

geaugeabe, *convenable, sortable.*

geaugein, *convenir, adapter, quadrer,
assortir.*

[**gelec**] : coet gelec, *ici* ooet guen, *bois gelif*
[= **jelec**] (2).

[**-gentil**] : dans l'original, après *coet gelec*
vient **Du Duchentil,** *gentils-hommes.*
Ce passage est à corriger d'après l'article
duchentil, original p. 60.

gettoèr, *jetton.*

gibér, *gibier* (venaison).

giboes, *venerie. chasse.*

[**giboësér**] : **eer,** *ici* eine giboësér, *oyseau
de proye.*

giboesour mat, *bon tireur, bon chas-
seur* [bas-vannet. **chibwęsour**].

glahar, *chagrin, affliction, amertume;*
guet glahar, *amerement* [*avec chagrin;*
gall. **galar**].

glaharus, *affligeant, causant de l'amertume.*

glan, *pur* : Sperét glan, *le Saint Esprit*
[**glän**].

glas, *bleu, azur;* miér glas, *étoffe bleuë;*
coët glas, *bois verd* [bas-vannet. **glāz,
glās**].

glasadur, *reverdissement, verdeur.*

glasart, *lezard* (à Sarzeau, **gurlas,** ur
urlas [*un lezard*]) [**glazard**].

glas deur, glas pourre, *bien verd*
[*vert porreau*] : le premier se dit du

bois, etc., et le second se dit des couleurs [**glas dour;** bas-vannet. **glastǫr**].

glasein doh unan benac, *hair quelqu'un, blêmir, reverdir* [cf. **glaz-
c'hoarz,** *rire forcé*].

glaü, *pluye;* glaü foüette, glaü munut,
nielle, petite pluye; barat glaü, *ondée
de pluye, pluye d'orage* [**glao;** gall.
gwlaw].

glin, *genoüil,* ur glin [*un genou*], pl.
deulin [*clin breh, coude, et aussi
glin-breh pour elin, ilin breh, par
étymologie populaire*] (3).

gloah, gloahen, *latte,* pl. **gloaheu**
[**goulazen,** pl. **goulaz**].

gloahein, *latter* [**goulaza**].

gloan, *laine, lainage;* goleid a oulan,
laineux, couvert de laine; velous gloan,
tripe de velours [bas-vannet. **glän;** gall.
gwlan, *une syllabe*].

gloannour, incardour, *écardeur.*

gloar, gloer, *gloire, orguëil, vanité.*

gloestre, *nantissement, gage, vase,
vaisseau, veau;* mé rescond eit ou mais
éma er gloistreu guenein, *je répond pour
luy, mais je suis nanti, j'ay les gages*
[**goestl;** gall. **gwystl**].

[**gloestrein**] : hum hloestrein, *se voüer*
[**goestla;** bas-vannet. **glöstein**].

gloestrét, *oblat* [**goestlet**].

glorius, *altier, glorieux.*

gloriustêt, *orguëil, vanité.*

gloüah, gloüahenn, *latte,* pl. **gloü-
aheu.**

glouaihuenn, *pustule,* [pl.] **glouai-
huenneu,** *vessies au corps* [**gloe-
venn,** *ampoule*].

gloüeh, glueh, *rosée, serain* [**gliz;** gall.
gwlith].

gloutonnec, *ici* **lontec,** *insatiable,
vorace.*

---

(1) Il y a un autre **gavlot.** Cillart : **gavelodd** signifiant *fourche à long manche;*
cf. **gaol,** *enfourchure des bras et des jambes,* gallois **gafl.**

(2) *g* a le son *j* français devant les voyelles *e, i.*

(3) La forme **daou-elin, dęüilin,** *les coudes,* à côté de **daou-lin,** *les genoux,* a pu
favoriser cette curieuse formation.

gloutonnigueh, *insatiabilité, glouton-
nerie,* point usité.

glub, gleb, *moüillé* [léon., bas-vannet.
glēb; gall. **gwlyb**].

glubein, *moüiller, humecter*; mè him
hlueb, me him hloüeb, mé im (1) hlub, *je
me moüille* [**glebia, glepia**].

gludennec, *gluant* [**gludennec, glu-
dec**].

[**gludét**] : ur vriaçenn gludét, *un glueu.*

glune, *fesse,* pl. **diglune** [= **clun**;
moyen-bret. **clun, diou-clun**].

glut, *de la gluë* [**glūd**].

go, adject. *levé*; go eu më zois, *ma pâte
est levée* [*v.* **bara**].

go, *forgeron, maréchal* [**go**; gall. **gof**].

go, *taupe,* ur o [*une taupe*], pl. **góét**
[**goz**; gall. **gwadd**].

goah, *pis*; **er goahan,** *le pire* [**gwas,**
bas-vannet. **gwęc'h,** gall. **gwaeth**].

goahat, *empirer.*

goahein, goahat, *aggraver, empirer,
rengreger.*

goaï, *oye,* ur oaï [*une oie*], pl. **goüéi**;
pichon goai, *oison* [**gwaz,** pl. **gwazi**;
gall. **gwydd**].

goaïenë, *veine,* ur gouáhienë, ur ouahienë
[*une veine*], pl. **goaïét,** *arteres*; goaïenn
leah, *veine lactée* [**gwazienn,** pl. **gwa-
ziet,** bas-vannet. **gwęhienn,** pl. **gwę-
hiat**; gall. **gwythien**].

[**goal**], **goual,** *mal* : mou mirou doh goual,
*j'empécheray qu'il ne vous arrive de
mal* [*je vous préserverai de mal*]
[**gwall**; bas-vannet. **gwęll**].

  goal antant *ou* [**goal**] **atandein,**
entendre mal;

  goal bedenë, *imprécation,*

  goal beh, *bonne piece, malin corps*;

  goal chançe, goal fortun, *gui-
gnon, malheur*;

  goal dachen, *fondriere, maliere,
mauvais endroit*;

  goal disposét a enep d'unan benac,
prévenu contre quelqu'un;

  goal disquét, goal dessaüét, *mal
né, mal élevé*;

  goal droucsant, *de mauvais pre-
sage, sinistre*;

  goal exampl, *scandale, mauvais
exemple*;

  goal gasse, goal drettein, *mal
mener, mal traiter*;

  goal glan, *très malade*;

  goal goutant, *mécontent*;

  goal impression, *prevention, mauvaise impression*;

  goal oberour, *malfaiteur*;

  goal polissét, *mal policé*;

  goal vammec, *marâtre*;

  goal veh, *fardeau trop lourd, poids,
fais, etc.*

  goal deine, *mauvais garniment.*

goalen, *baguette, houssine,* ur oalen [*une
baguette*].

goalen, *bague unie,* ur oalen [*une bague*] :
quand elle a un chaton, c'est **biseü,
biseüeu** *ou* **biseuét** [**gwalenn,** pl.
gwalennou, gwaligner; bas-vannet.
gwęlenn].

goalen : ur hoalen, *une aulne, mesure*;
lacat goualenn ar un defice, *faire priser
un edifice ou tenuë.*

goalen ur balançe, *le fleau d'une
balance.*

goalen ur harre, *limon de charrette.*

goalen ur harrosse, *la fleche d'un
carrosse.*

goalennadein *ou* **goalennein,** *aulner,
mesurer avec une aulne ou une
gaule.*

goalennat mehér, *une aulne d'étoffe.*

goalh, *saoul*; men goualh em és bet, *j'en
ay eu tout mon saoul* [**gwalc'h**; gall.
gwala, gwaly].

goalhein, *assouvir, saouler, contenter,
rassasier* [**gwalc'ha**].

goann, *foible, fresle, malingre* [**gwann**].

goánne, *charogne,* ur ouannë [*une charogne*] [bas-vannet. **gwän**].

---

(1) Original *in.*

goannein, *affoiblir* [**gwana,** bas-vannet. **gwanat**].

goannidigueah, *épuisement de forces, arcablement, foiblesse.*

goapat, gouapein, gober goap [*faire moquerie*], *gausser, se mocquer* [**goapaet,** bas-vannet. **gwępat**].

goapereh, *ironie, raillerie, momerie, pasquinade, risée, mocquerie, satyre* [**goapaerez**].

goapour, *mocqueur, flatteur,* [pl.] **goaperion** [**goapaer**].

[**goar, gouar**] : ar é ouar *pour le masculin* [,] *et pour le féminin* ar hé gouar, *doucement, à son aise;* ar men goar, *à mon aise;* ar hou coar, *à vôtre aise;* ar hou goar, *à leur aise* [*v.* **aroüarec;** gall. **gwār,** *doux, paisible*].

goarant, *garant, sauf conduit.*

goarantage, *garantie.*

goarantein, *garantir.*

goaraten, *routaire* ou *ruisseau.*

goardés, *gardienne, une garde* [pl.] **goardesét.**

goardeu, *garde-fou.*

goardeu un dorhel, *ici un dor alhué, les gardes, pêne d'une serrure.*

goard' giboés, *garde chasse* [**gward**].

goarec, ur oarec, *une grande pièce d'eau douce,* ou *un arc, arcade,* pl. **goaregui;** un ilis ar gouaregui, *une église en arcades* [**gwarec**].

goarec er glaü, *arc-en-ciel* (à Sarzeau) **groumetten,** *ici* **gouarem** [**gwareg-ar-glao**].

goarem, *antre, grotte, caverne, garenne,* ur hoarem [*une garenne*], pl. **goaremmeu** [**gwaremm**].

goarnation, *administration, charge, conduite, intendance, regne.*

goarnein, *administrer, conduire, gouverner, regner* [**gouarn,** bas-vannet. **gwarn**].

goarnemant, *gouvernement.*

goarnissadur, *fourniture, tenture, garniture.*

goarnissein, *garnir;* goarnissein ul lestre, *agréer, équiper un vaisseau de toutes choses;* him oarnissein, *se remplumer, s'arranger, se fournir, se munir* [moyen-bret. **goarnissaff**].

goarnour, *concierge, administrateur, gouverneur* [**gouarner**].

goart, *tuteur* [pl.] **goardét** [*v.* **goard**].

goas, *valet, vassal,* pl. **gouazét;** goas queguinour, *marmiton* [*plus bas* **guision** *vassaux,* cf. pl. gall. de **gwas, gweision**].

goasquedenn *et* **gouasquét,** *ombre,* pl. **goasquét** [vieux-bret. **guascotou**].

goasquein, *presser, fouler, affaisser, gréver, opprimer, oppresser;* him hoasquét, *rangez-vous, serrez-vous* [**gwasca;** bas-vannet. **gwęskein, gwęscat** (1)].

goastein, *gâter, corrompre, altérer, fripper, couler;* goastein ara er barrique, *la barique coule* [**gwasta**].

goastel, *tourteau, gâteau* (à Sarzeau), [pl. **goastelleu;** goastel moëne ou plat, *gaufre* (*patisserie*); un hoarne d'ober goastelleu moëne ou plat, *gaufrier* [*un fer à faire des gâteaux minces ou plats*] [**gwastell**].

gobedat, *goblée* (2), pl. **gobedadeu.**

gobet, *godet, la sixiéme partie d'nu quart;* ur obét [*un godet*], pl. **gobedeu.**

gobre, *gage, appointement, loüage, loyer, recompense,* [pl.] **gobreu;** mĕ més ĕn dra zé ar gobre, *j'ay cela de loüage* [**gopr, gobr;** bas-vannet. **gōb**].

goedec, *sanglant* [**gwadec**].

goedein, *saigner, flebotomiser* [**gwada,** bas-vannet. **gwędein;** gall. **gwaedu**].

goedereah, *saignée* [**gwaderez**].

---

(1) *Cf.* gall. **gwasgu.**
(2) Cillart : *goblée* **gobèdatt,** mesure de 7 livres (voir au mot *quart*).

goediguenn, *boudin*, [pl.] goediguen-neu [gwadegenn, bas-vannet. gwę-degenn; gall. gwaedogen].

goel : bara hemp goel, *pain sans] levain*].

goer, *ruisseau*, ur hoer [*un ruisseau*], [pl.] goersieu [moyen-bret. gouher] (1).

goët, *sang*; goet coaillet, *grumeaux de sang, sang-coillë*; col goet, *hemorragie, perte de sang* [gwad; bas-vannet. gwęd; gall. gwaed].

gohat : ur gohat terhian. *un accès de fièvre*; gohat furi, *une fougue* [= cohat; bas-vannet. cwęhat; léon. caouad; gall. cawod].

[gol] : ar gol. *à perte* [v. col].

gòlein, goloëin, *couvrir. affubler, passier*; golein en doüar, *joncher la terre* [golei].

golerne, aüél golerne. *vent de gaverne, d'ouest* [gwalarn, gwalern].

golh, *lavement. autre que celui d'un apoticaire* [gwalc'h].

golhein er gouc aziabarh, *gargariser [laver le cou à l'intérieur]* [gwalc'hi, gwelc'hi; gall. golchi].

golhoèr, *ou* golherisse, *lavoir*.

golo, *couverture, couvercle* [v. gòlein].

golvan, *moineau* [pl.] golvani, golvaniguét; gall. golfan].

gopra, *loüer, gayer*; him opra, *se loüer, se gager* [gopra, bas-vannet. goprat].

gor, *apostume. fronde* [pl.] goreu [gor, gorou, goriou, bas-vannet. gōr; gall. gor].

gorein, *apostumer* [gori].

gorein ur fourn, *chauffer un four* [gori, gwiri].

gorein éhuél, *guinder* [gorren].

gorein pichonnét, *couver des poulets* [gall. gori].

[goric] : ur goric, *une bube, éleveure, apostume*.

goriguant, *mirmidon, ragot, nain* [v. corriguant].

gortein *ou* gortos, *attendre*; bout in gorto, *aspirer, prétendre* [léon., bas-vannet. gortoz; cornique gortos].

gorzeenn, *roseau*, pl. corzenneu [= corzeenn, léon. corsenn, cors; gall. cors].

[gosté] : a gosté, *à part* [= costé].

goüagren (2) *ou ici* cangrenn, *glande*, [pl.] cangrenneu [goagrenn].

goüaïen, *veine, artere*, [pl.] goüaïet, [gouahiét : v. cassë *et* goaïenë].

[gouar] : ar é oüar, *masculin*, ar hé gouar, *féminin, doucement, a son aise*, [moyen-bret. goar, *doux, humble*; gallois gwar].

gouard, *garde (terme de guerre)*.

gouardage, *tutelle*, pl. gouardageu.

gouarem er glau, *arc-en-ciel* [v. goarec].

gouc, *gorge*, ër goug [*le cou*], [pl.] cougueu [gouzouc; gall. gwddwg].

[goudasq : v. avaleu; à tort écrit coudasq].

goudé, *après* : goudé leign, *après-dîné, etc.* [gall. gwedy].

goüé *ou* guif, *sauvage*; colomet goüé *ou* guif, *pigeons sauvages*; var goüé, *gelinotte de bois* [gouez; gall. gwydd].

goüer, goüeren, *ruisseau*, [pl.] gouereu [v. goer].

goüerein er seut, *tirer les vaches, et n'est bon que là* (3) [goero, goro, moy.-bret. gozro; gall. godro].

goüerh, *vierge, puceau* [v. güerhiés].

gougat, *gorgée, mal de go..e* [v. gouc].

gouhin, *gaine, foureau*, ur ouhin [*une gaine*] [gouhin, gouin; gall. gwain].

---

(1) Nom de lieu en Quiberon, dans un endroit arrosé par plusieurs filets d'eau, gwaviriọw = haut-vannet. *goverieu; cf. gallois go-fer (= go-ver).

(2) Pour gor-, chercher après gou-

(3) Dans l'original, après goaretęn, goücrein er seut, *tirer les vaches*; après gour-douzerrah, goüerein er seut. *tirer les vaches, et n'est bon que là*.

gouhinein, *rengainer* [**gouhina, gouina**].

gouihian, *l'hyrer*; calan-gouihian, *novembre, la Toussaint* [**goàv, gwaŏ**, moy.-bret. **gouaff**; gall. **gaeaf**].

goüil, *voile pour la navigation*; goüil latin, *voile latine*; scan a oüil, *bon voilier*, [*léger de voile*] [**goel**].

goüil, *fête*, pl. **gouilieu**; **Goüil-miquel**, *octobre* [*la fête de Michel*] [**goel, gouel**; gall. **gwyl**].

gouil *ou* gouel, *levain, il n'a point de pluriel* [**goell**, *cornique* (1) **gwel**].

gouivadur, *fletrisseure d'une chose inanimée* [*v.* **guoivein**].

goulahein un *dranche, raffraichir une tranche* [**goulaza**].

gouli, *playe, ulcere*, ur ouli [*une playe*], pl. **goulieu** [gall. **gweli**].

goulion, *lavage, laveures* [*v.* **golh**, gall. **golchion**].

goulir (2) *ou* goulé, *vuide* [**goullo**].

gouliüadur, *vuidange, vuidure*.

gouliüein, *vuider* [**goulloï, goullönderi**, moy.-bret. **gollonder**, cf. gall. **gollwng**].

gounidec, *journalier*, [pl.] **gounidion** [**gounidec, gonidec**, pl. **gounideien**; gall. **gweinidog**].

gounidiguez, *journaliere*, [pl.] **gounidiguezét**.

gounit, *gagner, acquerir, attitrer, corrompre, conquerir*; gounit testeu, *pratiquer suborner des témoins*.

[goupennat] : ur goupennat, *une jattée* [= **coupennat**].

gouppen, *jatte, coupe* [= **coupen**].

gourdadieu, *ayeul, bisayeul*; hur gourdadieu nos ayeuls [*v.* **gourgourdadieu**; cf. (3) moy.-bret. **tadiou**, *trisaïeul*].

gourdous *ou* gourdouzein, *quereller, menacer* [**gourdrouz**].

gourdouzereah, *querelle, menace*.

goureinë, *lutte*, [pl.] **gourénneu**.

goureinereah, *lutte* [pl.] **goureinereaheu**.

gourenein *ou* goureine, *lutter* [léon., bas-vannet. **gourenn**].

gour-énez, *pen'insule* [haut-vannet. **gour-inis**, ap. Cillart; gall. **gor-ynys**].

gourénour, *luteur* [**gourenner**].

gourfoulein, *chiffonner*.

gourgam, *boiteux* [**gourgamm**].

gourglé, *un mauvais fossé*, [pl.] **gourgleyeu** [**gourgleuz**].

gourgourdadieu, *trisayeul*.

gourhamble, *avide, goulu* [cf. gallois **gor-aml?** *surabondant*].

gourhéjat net, *fusée de fil*, pl. **gourhéjadeu** [*v.* **gourhét**], [cf. **gwerzidad**].

gourhelin, *juillet* [bas-vannet. **gourhenēẅ**, cf. gallois **gorphenaf**].

gourhemen, *commandement, injonction, baise-mains, complimens*, [pl.] **gourhemeneu** *ou* **gourhiemenneu** *ou* **grohamenneu** [**gourc'hemenn**, bas-vannet. **gourhiemenn**; gall. **gŏrchymyn**].

gourhét, *fuseau*, ur ourhét [*un fuseau*], pl. **gourhédi** [**gwerzid, gwerzidi**; gall. **gwerthyd**].

gouriadur, *couture*.

gouriein *ou* gouriat, *coudre* [**griat**, moy.-bret. **gruyat**; bas-vannet. **gouriat**, cf. gall. **gwnio**].

gouriene, *racine, tige, souche*: ur ourienn [*une racine*], pl. **gouriat** *ou* **gourienneu** [**grisienn**, cf. gall. **gwraidd, gwreiddyn**].

---

(1) Par cornique, on entend le breton, éteint depuis plus d'un siècle, de la Cornouaille anglaise.

(2) Il faut probablement d'après *gouliüadur* et *gouliüein*, lire *goulif* ou *gouliu*. Cillart : **goulihue** = **gouliẅ**; cependant canir, à Cléguerec, pour **caniẅ**, *toison*.

(3) Cillart : *ayeul*, **tadïeu**; *bisayeul*, **gour-dadïeu**; *trisayeul*, **tad enn tadïeu, tad cune**.

gouriennein, *prendre racine* [**gri-sienna**; moy.-bret. **gruyaff**].

gourier, *tailleur d'habits, couturier,* [pl.] **gourierion** [moy.-bret. **gruyer**].

gourièrés, *tailleuse,* [pl.] **gourieresét**.

gourlanë *ou* **gourlein**, *pleine mer* [**gourlano**; gall. **gorllanw**].

gourmachein, *assujettir, gourmander*.

gourni, *petit neveu* [**gourniz**, *plus anciennement* **gourni**].

gouroune : ur gouroue spern, *une couronne d'épine* [= **couronne**].

gourvéein, *se coucher pour les animaux; je l'ay vû quelquefois pour des hommes:* gourvéein en è hét, *se veautrer [se coucher de son long]:* gourvéet é ën ohin, er seut, *les bœufs, les vaches se délassent, sont couchées* [**gourvez**; bas-vannet. **gourvein, gourvo**; gall. **gorfedd**].

goustadic, *lentement, bellement* (bas-Breton) (1) **goustadic** *et* **gwestadic**.

goustihuadur, *constipation*.

goustihuét, *constipé, restreint*.

gout, *goût,* [pl.] **gousteu**, ur gout tuerv, *un goût amer*.

goutteu, *point de singulier, la goutte (maladie)*. [Cillart : **gouteu** *et* **gùendre**, cf. léon. **gwentr**, *tranchees, coliques*].

gouttus, *gouleux*.

gouziein, *baisser;* gouziét é en aüel, *le vent a baissé* [**gouziza**].

góvél, *forge,* [pl.] **govélieu** [**gofel, govel**; gall. **gofeil**].

[**gra**, *fait,* 3° pers. sing. ind. prés., bernein a ra din, *il m'importe : v.* **bernein**; gobér ara brogon, *il éclaire, il fait des éclairs; v.* **brogon**. *etc. ;* [**g**]**rer :** sel mui arer : *v.* **sél mui**].

grabotennic deen, *ici* **ur raboussec,** *un nabot*.

graignous, *grondeur, ergoteur*.

grainnenic, *petite goutte,* [pl.] **grainnenigueu**.

gran, *grain de chapelet ou de raisin,* pl. **granneu** [**greun**, bas-vannet. **grän**, gall. **grawn**].

grannen, *goutte,* [pl.] **granneu** *ou* **grainnen**, [pl.] **grainneneu** [*goutte* dans le sens de *rien, mie, miette, etc.;* Cillart: *grain, point du tout,* **grenenn;** léon. **greunenn**, bas-vannet. **gränenn**].

grat, *agrément, goût, gré;* gout grat vat, *sçavoir bon gré* [**grad**].

[**gravel**] **:** meine gravel, *gravelle (pierre)*.

Grecian, *Grec,* [pl.] **Grecianet** [**Gresian**].

greffe, *ante,* [pl.] **greffeu** [*v.* **iboud**].

greffein, *anter. greffer*.

greffein, *amplifier, mettre du sien en rapportant une histoire*.

greffour, *greffier, amplificateur*.

grégage, *jargon, baragoüin* [**gregach**, *le grec, jargon*].

grégagein, *jargonner, baragouiner* [**gregachi**, *parler grec et baragouiner*].

gregaill, *rocaille*.

[**grein :** *v.* **discreinein**].

[**gren**] **: a gren, a greihuë, a grean,** *tout-à-fait, bien fort, formellement;* mé nah en dra zé a grean, *je nie cela formellement* [**gren** = léon. **crenn; greihue, grean** = **creihue, crean :** *v.* **crean**].

gresil, *gresle;* barat gresil, *ondée de gresle* [léon., bas-vannet. **grizill**, avec *l* mouillé].

grét, *de bon cœur* [Cillart : **grétt**, *courage*].

gric, *mot, chut*.

griffen *ou* **griffe**, *griffe,* [pl.] **griffeu.** *Voyez* **craban**.

grignous, *chagrin, esprit aigre, de mauvaise humeur* [*v.* **graignous**; léon. **grignouz**, *hargneux, grognon*].

grilladenn, *grillade*.

grillein, *griller*.

grimaçus, *gesticulateur, grimacier*.

---

(1) C'est-à-dire *non-vannetais.*

grimpein, *gravir, grimper*.

[**gris** : *v.* **bara**].

grisein, *se refrogner, griser*.

groah, *vieille*; ur ourah [*une vieille*], pl. **groahét** [**grac'h, groac'h**; gallois **gwrach**, *en une syllabe*].

groahein, *vieillir, ici* **cohein, cohat**.

groahennein, *rider* [*v.* **grouahenn**].

groel, *gruau*.

[**groës**] : tan groës, *feu ardent, dévorant* [**groez, grouez**; gall. **gwres**].

grognonat, *remarquer, gronder entre ses dents*.

groh (1), *grotte, antre, caverne*; ur groh [*une grotte*], [pl.] **groheu**.

[**grond**] : ur grond, *une réprimende*.

grondal, grondein, *renasquer, quereller*.

grondereah, *querelle*.

gronnadur, *lien, ligament*.

gronnat, *un paquet, un floccon*.

gronn[e]in *ou* **gronnat**, *envelopper, empaqueter, emmailloter, affubler* [**grounna, gronna**].

grosel, *gravier, sable*. On dit à Sarzeau, **grosolen**, pl. **grosol**.

groselec, grosolec, *graveleux*; doüar grosolec, *terre grav leuse*.

grouahenn, pl. **grouahenneu**, *rides*.

groufoulein, guerfoulein, *chifonner, fouler* (*v.* **gourfoulein**).

groüic, *femme*; ur ouric [*une femme*], pl. **grouagué, groagué** [**greg, groeg**, pl. **gragez, groagez**; gall. **gwraig, gwragedd**].

groüis, *ceinture*, pl. **grouisieu** [**gouriz**].

groumetten, *arc-en-ciel, à Sarzeau*.

[**gué** : *v.* **doüarein**].

gueaüen, ur ueauten vat, *une bonne herbe*, pl. **gueaut** *ou* **guïaut**, *herbe,* herbage [**geotenn, geot; ieotenn; ieot**; Ouessant **guelt**; gall. **gwellt**; bas-vannet. **yod**].

güeh, *fois*; ur hueh, *une fois*; beta ter güeh, *jusqu'à trois fois* [**gweach**; corn. **gẃech**; gall. **gwaith**].

gueh aral, *autrefois* (ailleurs **guéche aral**) [**gwech all**].

güel, *meilleur*; er guellan, *le meilleur, mieux*; guel arzé, *tant mieux* [**gwell, gwella, gwellä**].

guelaoüen, *sangsue, ici* **guenehuenn** [**gelaouen**; gall. **gelen**].

[**güele** : *v.* **gule**].

guéle *ou* **guèlét**, *vûë, aspect* [**gweled**, gall. **gweled**].

[**güen**, *arbre*; avoultren güen, *arbre sauvage*; **gwezen, gwez**; bas-vannet. **gẃéyen, gẃé**; gall. **gwydd**].

[**guenemp, guenein, guenit, guenech** : *v.* **güet**].

[**guenene** : *v.* **uenene**].

güenholo *ou* **güengolo**, *septembre* (bas Breton) [**gwengolo; gwenolo**].

guennec ? *saoul* (2).

güennec, *merlan* (poisson), pl. **güenniguét**.

güennein, *blanchir, grisonner*.

güennic, *un gardon* (poisson) [**gwennig**].

güennourés, *lavandiere* [**gwennerez**].

guentat, *vanter du grain*; **guentereh**, *vanterie du grain*.

güen üi, *glaire d'œuf, blanc d'œuf*, [pl.] **güen üieu** [**gwenn-vi**].

guénvér, *janvier* [**genveur, genver**; bas-vannet. **genọr** : miš kenọr; gall. **ionawr**].

---

(1) Écrit *grog*, forme reproduite par Grégoire de Rostrenen. Cillart : *groh* aux mots *caverne, grotte*.

(2) Doit être probablement corrigé en *sou* (monnaie). léon. **gwennec**.

guéouan (1), **guiv, guezan, gués, bo,** *si, si fait.*

güéraour, *vitrier* [**gweraer**].

güeren, ur hueren [*un verre*]. pl. **guer** *ou* **guirenneu**; er guer, *verre* [**gwerenn**, moy.-bret. **guezrenn** ; gall. **gwydr**].

guérennein, *vitrer.*

guerh, *vert, sinople* [= gall. **gwyrdd**; cf. (2) **gwer, guer**; bas-vannet. **gwer**].

güerhein, *rendre*; güerhein rai, *vendre trop cher* [**gwerza**; gall. **gwerthu**].

guerhiat net, *ici* **gourejat,** *fusée de fil* [*v.* **gourejat**].

guerhidigueh, *vente* [**gwerzidigez**].

güerhiés, *vierge, pucelle* [**gwerc'hes,** bas-vannet. **gwirhies**].

güerhit, *fuseau,* pl. **güerhidi,** *et ici* **gourhét, gourhidi** [*v.* **gourhét**].

guerhtét, *pucelage, virginité* [**gwerc'hted**].

güern, ur huern [*un mat*], pl. **güerni,** *mâts de navire;* en eil güern, *mâts de misene;* güerne gorn, *artimon* [**gwern; gwerniou**].

[**guern**] : coet guern, *aulne (arbre)* [**gwernen,** pl. collectif **gwern**].

guerzeen, pl. **guerzenneu,** *toute sorte d'histoire ou contes, chansons* [**gwerzenn, gwerz**].

gués, guezan, *si, si fait* [*v.* **guéouan**].

gués, *lipes, levres,* **divés** *et* **guineu,** *les levres* [**gweuz** (*une syllabe*), **geuz,** pl. **diweus, diveus;** bas-vannet. **güs,** avec *g* palatal; gall. **gwefus, gweus**].

güespeden, *guespe,* ur huispeden [*une guêpe*], [pl.] **guéspét** [**gwespedenn, gwesped**].

güet, *avec;* güet ën deure, *à vau l'eau, à la dérive :*

> **guenin,** *avec moi* [bas-vannet. **geneign**];
>
> **guenit,** *avec toi;*
>
> **guetou, gueti,** *avec lui, avec elle* [bas-vannet. **getö, get**];
>
> **guenemp,** *avec nous* [bas-vannet. **genimp**];
>
> **gueneeh, gueneah,** *avec vous* [bas-vannet. **genoc'h**];
>
> **gueté** *ou* **guittai,** *avec eux, avec elles* [bas-vannet. **getę**] — **deguet,** *d'avec* [gant : ganën, ganez, ganit, ganta, gantän, ganti ; ganeomp, ganeoc'h, ganto ; digant].

gueu, *faux, tort, lesion, mensonge,* pl. **gueüeu, gueüier;** gober gueu dunan benac, *grever, nuire, faire tort;* larein geu, *mentir, préjudicier* [léon., bas-vannet. **gaou,** pl. **gevier;** bas-vannet. **gaw-yer;** gall. **gau**].

gueüiart, *ou mieux* **gueüiat,** *menteur,* pl. **gueuïadét** [**gaouiad;** bas-vannet. **gawyatour**].

guëzec, *lipu* [**gweuzec, geuzec**].

guhavé, *quelquefois* [= **gwechavez**].

---

(1) **guiv** ou **gueu** (prononcez **giv, gew**) = bas-vannet. **go** avec *g* palatal ou **gao** (*g* palatal); **gués** = bas-vannet. **ges** (*g* palatal) : *n'y a-t-il pas telle ou telle chose?* Rép., *oui, il y en a :* **ges.** *Gèo, gèiz* est employé là où on pourrait mettre *eo, d eo; ges* là où on emploierait *eus, d eus.* **Bè** est la 3ᵉ pers. du sing. du futur du verbe *être.* Troude, dans son *Dict. bret.-franç.,* donne les formes *gwezan, gwezan,* en les rapprochant de *gonzont,* ce qui est impossible. Au vannetais *ges* correspond le trigorrois *geus.* Le *g* prosthétique a été extrait probablement des formules négatives : *nag eus,* gallois *nag oes (il n'y a pas), nag eo,* etc... *Guéouann* est explicable par *nag eou ann.* — *ann* a pu être amené par *nann* (Errault, *Revue Celtique,* XIII, pp. 348-349).

(2) Le moyen-breton *gwezr* a donné le *güer* actuel. La métathèse *gwezr* pour *gwerz* est à coup sûr possible; mais il est plus probable qu'il y a eu rapprochement et confusion de sens et de son entre le mot *gwerz* et **gwezr,** *verre.* Le bas-vannetais le prouve. Seul **guerh** représente la forme ancenne (du latin *vir'dis*).

güiadein, guiadennein, *titre* [*v.*
güiat; gall. gweu].

gùiadér, *tisserand* [gwiader].

guiadét, *tissure*.

güialen, *housine, gaule, verge*, ur hüia-
len, pl. guial; guialen hoarn, *une tringle*
[*de fer*] [gwialen; gall. *idem*].

güiat, *toile en sa piece*, ur huiat; guïat
ganivét, *toile d'araignée* [gwiad;
gwiad kefnid].

güibelét, *villebrequin, guimblet*, ur hui-
belet [gwimeled].

guiffre, *tronc*; ur huiffre *ou* huéfre, pl.
guiffreu (1).

guignél, ur huignel, *hirondelle* [gwenel,
gall. gwennol].

güigniégour, *vigneron* [*v.* guiniec].

guim, *regain* [= gwim].

guin, *vin*; güin fal, güin distér, *du gin-
guet, de la piquette* [gwin, gwin].

[guindér]: pont güinder *ou* güintus,
pont-levi [pors (2) gwint, *pont-levis*;
gwintal, guinder].

guinéne, *abeille* [pl.] guineine, à Rhuys,
et ici guerenen, pl. guereine [gwe-
nanen, gwenan; gall. gwenynen,
gwenyn].

guineu, pl. *les levres* ou *la bouche*; dre
guineu er profele, *etc.* [genou, bas-vannet.
genaw; gall. genau].

[guiniec] : coet guiniec, *sarment*.

guinienn, *vigne*, ur huiniec (3), pl. gui-
niegui [gwinien, pl. gwini, gwi-
niennou].

[guinoen : *v.* huinoen].

güir, *vrai, réel*; güir mat, *vrai, bon, valide*;
güir hanval, *vraisemblable* [gwir].

guir, *mot, parole*, pl. guirieu [ger,
geriou; gall. gair].

güirionné, *verité, realité, solidité*; guet
guirionné, *validement* [gwirionez; gall.
gwirionedd].

guis, *mode, maniere, guise, coûtume*,
[pl.] guisieu [giz].

güis, ur huis, *une truye*, pl. guisi [sous
hu- ur huis, pl. guisi; léon. gwiz,
gwizi; bas-vannet. gwez; corn. gwyz].

guision, *vassaux* [*v.* goas].

guispedeen, *guespe, frelon*, pl. guispét
[sous *hu- huispeden, huispét* : *v.* gües-
peden].

guisperen, *nefle, neflier*, pl. guisper (4).

guitot leah, *clair de lait*.

guivragenn, *soliveau, membrure*, ur
huivragen, pl. guivragenneu [gwi-
frajen, gwifraj].

gulé *ou* güélé, *lit*, pl. guilieu; pen er
guelé, *le chevet du lit*; treit er guelé,
le pied du lit; diarac er guelé, *le devant
du lit*; en tu doh er vangoer, en toul plous,
la ruelle du lit [*le côté contre la muraille,
le trou de paille*]; trai er gulé, *le côté de
la place opposé à la ruelle*; chomm èr
gulé, *être alité* [*rester au lit*] [gwélé,
gweleou; bas-vannet. gwele, gwe-
leyaw; gall. gwely].

gulvoudein, *accoucher* [gwilioudi,
gweleoud].

gulvout, *acrouchement*; gulvout quent en
termene, *fausse couche*; e gulvout, *en
couche* [moy.-bret. gwelevout; gall.
gwelyfod].

guneh, *froment*; ur huneben, *un grain
de froment* [gwiniz, bas-vannet. gwi-
nic'h, *mais* geneštu, *blé noir*; gall.
gwenith].

gunér *ou* guinér, *vendredy* [gwener].

guoivein, *faner, fletrir, ternir* [gwevi,
bas-vannet. gwewein, gall. gwywo].

---

(1) Cillart : quiff et queff aux mots *souche, tronc* (v. queff). *Guiffre* doit être
rapproché de guivrajen et a le sens propre de *solive*. Cillart : gùiffren, *solive*.

(2) pors, *porte*.

(3) Proprement : *endroit planté de vignes*.

(4) Probablement à décomposer en gwis = gwez, *sauvage*, et per, *poires* : *z* est
resté en composition, comme dans *biscoah*.

gurenen, *abeille,* ur hurenen, pl. **gureen** [*v.* **guinéne**].

gurlaz, *lezard,* pl. **gurlazi** [*v.* **glasard**; pour **gurlaz** (1), cf. gall. **gwyrddlas,** *bleu-vert* = **gwyrdd-glas**].

gurun *ou* **curun,** *tonnerre,* er harun; barat gurun, *pluye d'orage* [**curun,** *fémin.*; **cudurun**].

gurunein, *tonner* [**curuni**].

gurunus, *tonnant.*

gurzun, *navette,* pl. **gurzunieu** [cf. **bulzun, burjun**].

guscon, *fobert,* pl. **gusconnét** [Cillart : **gussconnein** *ou* **gusconna,** *enduire;* **gusconnic,** *pinceau;* français **guipon**].

gusquein, *habiller* [**gwisca**].

gusquemant, *habillement, accoûtrement, ajustement, parure* [**gwiscamant**].

H

hablage, *hablerie.*

hacherisse, *hachis.*

hacque, *hocquet, difficulté de parler,* pl. **hacqueu.**

hacquein, *bredoüiller.*

had, *toute sorte de graine à semer.*

hàdein, *semer;* amser de hadein, sassun de hadein, *semaille, temps de semer, semaison* [**hada**; gall. **hau**].

hadereh, *semaille* [**haderez**].

hadour, *semeur,* pl. **haderion** [**hader**].

hadouréz, *semeuse.*

haigein, *secouer* [**héjal, héja**] (2)

haillon, *guenillon, malotru, chiffon.*

hàillonnec *ou* **hàilvaudec,** *malotru, gueux, gredin, qui a ses habits en lambeaux.*

hàlec veut dire *saudre* et *saule,* [pl. **ha-legui** [**halegenn,** *collectif* **halec**].

hàlein, *tirer de toutes ses forces sur une corde ou une rame, etc.*

haléne, *sel,* et à Sarzeau **halein** (3) [**c'hoalenn, holenn**; bas-vannet. **hālenn**; gall. **halen**].

halinaour, haleinaour, *saunier* [pl.] **halenarion.**

han *ou* **hanv** *ou* **hanhuë,** *nom,* pl. **hanhueu** [**hāv, haŏ**; bas-vannet. **hān**; gall. **enw**].

hanal, *halene, respiration,* pl. **hanaleu** [**halan, alan**; gall. **anadl**].

hanale, *halenée.*

hanaouein, *connoître. Voyez* **a.**

handèein (4), *faire peur, faire décamper, c'est proprement obliger quelqu'un à coup de pierre ou de bâton à se retirer;* handèéin unau (5) benac a dauleu mein, a dauleu bah, *chasser, suivre, pourcourir quelqu'un à coups de pierre et de bâton.*

hanni, *personne, avec une négation* [**hini**; bas-vannet. **hāni** (6); gall. **hynny,** sing., neutre et plur.].

---

(1) Pour *gur-* = **guer,** cf. **gurenen** = **guerenen** = **guenenen.**

(2) Cf. gallois **heio**? *pousser, exciter.*

(3) Quiberon **halen** = **haloen**; sinon, on eût **halian**; cf. **Kibiren** = **Keberoen.**

(4) Cf. gallois **andwyo,** *mettre en désordre, démolir, endommager*? Pour **-éein** = **wyo,** cf. **merdeat** = **mordwyad.**

(5) Original *unam.*

(6) La forme du bas-vannetais pour **hani, hini,** en dehors du sens de *personne* est *cani :* elle est née par voie d'analogie. Comme on disait : *me hi* (mon chien), *i hi* (son chien, à elle), *on hi* (notre chien), *o hi* (leur chien), lorsque la forme radicale du substantif était *ki,* on est arrivé de *me hani, i hani, on hani, o hani,* à conclure à une forme radicale *cani.* On a fini par dire *i gani* (le sien, à lui), *o cani* (le vôtre), comme on disait *i gi, o ki.*

hantein, *frequenter, s'accointer.*

hantér, *moitié;* a hanter, *de profil, par moitié;*

> **hantér corf,** *mi corps;*
> **hantér col, hantér profit,** *mi perte et mi profit;*
> **hanter dihantér,** *moitié par moitié;*
> **hantér heent,** *mi chemin;*
> **hantér gléüet** *ou* **hantér glehuein,** *entre-entendre, entre-oüir;*
> **hanter séllein,** *entre-voir* [haut-vannet. **häter;** bas-vannet. **hanter;** vieux-gall. **hanther;** gall. mod. **hanner**].

hanteréc, *mitoyen;* ur vaugoèr hanterec, *une muraille mitoyenne.*

hanterein *ou* **deuhanterein,** *mettre par moitié* [**daouhantera**].

hantiss, *accointance, frequentation, habitude.*

hanüal *ou* **haval,** *semblable, approchant;* guir-hanval *ou* guir-haval, *vrai-semblant* [**hěvel, heuel;** bas-vannet. **hawal;** gall. **hafal**].

hanüein, *nommer, appeller* [**hävel, hěvel**].

hanvalediguah, *ressemblance, vraisemblance, conformité;* guir-avalediguah, *vrai-semblance.*

hanvalein *ou* **haval[ein],** *sembler* [bas-vannet. **hawalat**].

haranc, *harang,* pl. **harancquét.**

hardeh, *hardi* [**hardiz;** bas-vannet. **hardęc'h**].

hardéhat, *oser, s'enhardir* [**hardisaat**].

hardehtét, hardihét, *hardiesse, intrepidité, outre-cuidance;* guet hardehtét, *hautement, hardiment* [**hardizder**].

harh ur hi, *aboy, le cri d'un chien* [**harz**].

harhein, harhal, *aboyer, japper* [**harzal, herzel;** bas-vannet. **harhal;** gall. **arthal**].

harhour, *aboyeur.*

harnan a dro, *tourbillon,* ici **tèrbon** [*v.* **barat**] [**arne, arneo, arneu**].

harnés, *harnois, armure* [**harnez, hernez**].

harpein, *arrêter* [**harpa**].

harüein, *nommer, appeller* (Sarzau) [*v.* **hanüein**].

harv, *nom,* [pl.] **harueu** (Sarzau) [= **hanv;** cf. **larv=lanv** : *v.* **han**].

harz, *appui, ou auprès;* lacat én arz, *adosser;* en barz ou harzic, *tout auprès, rasibus.*

harzant, *attenant.*

harzein, *appuyer, adosser, arrêter* [**herzel**].

harzelein, *bâtonner, regaler à coups de bâton.*

hastein, *hâter, accelerer, accourir, se dépécher, avancer.*

hastiu, *prompt, diligent, expeditif;* ur deen hastiu, *un homme expeditif, diligent, qui va vite en toutes choses* [moy.-bret. **hastiff**].

hât, *graine, semence;* monét én ât, *grener, monter en graine* [*v.* **hadein**].

hattein, *commencer à se tenir sur ses pieds à l'appui de quelque chose; cela ne se dit que des petits enfans qui commencent à marcher.*

havrec, *champ qui n'est pas semé, qui est à deslas,* [pl.] **hauregui** [**havrec**].

[**he,** pron. posses. 2° pers. sing. : *v.* **ardro, pimpe;** haut-vannet. **ha, he;** léon. **da, ta; ha = az**].

hegein, *remuer, agiter, secoüer, hocher, houspiller, pelauder, tirailler;* hegein en divarre, *gigotter* [secouer les jambes] [*v.* **haigein**].

hei, *orge* [**heiz;** gall. **haidd**].

heleih, *plusieurs, beaucoup* [**eleiz, aleiz;** bas-vannet. **hilęc'h**].

heli *ou* **heliein,** *suivre* [**heulia;** bas-vannet. **huli;** gall. **ol,** *trace*].

[**hemp** : *v.* **hep**].

henal, *haleine, respiration, souffle;* ber henal, *asme* [courte haleine] [*v.* **hanal**].

henalat, *halenée, respiration.*

henneh, hennés, henna (1), *icelui, celui-ci* [**hennez**].

hent, *chemin,* [pl.] **henteu;** a hent aral, *d'ailleurs;* hent trouhét guer en deur, *ravine;* un hent dall, ur ru dall', *un cul de sac* [gall. **hynt**].

hep *ou* **hemp,** *sans;* hemp Doué na lezeen, *athée, sans Dieu, sans loy, sans religion;* hep cessein, hep discuch, *d'arrache pied* [*sans cesser, sans se reposer*].

hep quein, *uniquement, seulement* [**hep ken**].

herisson, *porc épi.*

héritour, *heritier,* pl. **héritsrion;** héritour lostan, *heritier présomptif.*

herrat : un herrat, *une traite.*

hèrrë, *impetuosité, irruption, vitesse* [**herr, err;** Cillart : *élancement;* **héerré,** *au point de vue du temps,* en bas-vannet.].

hérvé, *selon, à proportion, au pro rata;* hervé é zesir, *à souhait* [**hervez;** haut-vannet., *à côté de,* **herué, revé;** gall. **herwydd**].

hesquadur, *tarissement.*

hesquein, *tarir* [**hesc** *et* **hesp,** *tari;* gall. **hysp**].

hesquenn *ou* **hesquennein,** *sier* [*v.* **brêne**] [**heskenn;** bas-vannet. **heŝenn**].

hesquennadur, *sieure.*

hesquennour, *sieur,* [pl.] **hesquennerion.**

hesquét, *ombre :* më hesquét, *mon ombre* [*v.* **esquet**].

hét, *longueur;* ag é hét, *tout de son long* [léon., bas-vannet. **hēd;** gall. **hyd**].

[**heurte**] : un heurte, *achopement, ce qui fait tomber,* pl. **heurtadeu.**

heurtein *ou* **hurtat,** *heurter, achopper* [moy.-bret. **heurtaff**].

heute, *maladroit* [Cillart : **heude;** léon. **heud, heut**].

hezeu, *botines* [**heuzou**].

hiaule, *soleil,* **en yaule** [*le soleil*]; **sau hiaule, cuh hiaule,** *le lever, le coucher du soleil* [**hèol;** bas-vannet. **hiŏl;** gall. **haul**].

hibil, *cheville* [**hibil, ibil;** bas-vannet. **hibill,** avec *l* mouillé; gall. **ebill**].

hibil hoarn, *goupille.*

hibil troit, *cheville du pied.*

hicquét er marü, *le hocquet de la mort* [**hic,** *hoquet;* **hic ar maro**].

higuolenn, *pierre à éguiser* [**higolenn**].

[**him :** *jouant le rôle de pronom réfléchi : v.* **béein, bouttein**].

hineah, *ce soir;* **hineasouah** (2). *toute la nuitée ou soirée* [**henoaz;** bas-vannet. **hinoac'h;** gall. **henoeth**].

hinihuë, *aujoud'huy;* **hiniouah** (3), *tout le jour, pendant le jour* [**hirio, hiŝo :** *v.* **hiriu;** moy.-bret. **hiziu;** gall. **heddyw**].

hiquette, *hocquet.*

hirat, hirein, *allonger.*

hirdèt, *longueur, étendue.*

hire, *long;* re hirre, *trop long* [**hir**].

hireh, *attente, avec impatience, empressement;* pebeh hireh em boi hou queleenn, *que j'avois d'impatience de vous voir* [moy.-bret. **hiraez;** auj. écrit **hirrez;** gall. **hiraeth**].

hiric, *longuet.*

hiriu, hiniu, hizihuë, *aujourd'huy* [*v.* **hinihue**].

hirvoudein, *gemir, pleurer, sangloter* [**hirvoudi**].

hirvoudene, hirvoud, *gemissement, sanglot,* [pl.] **hirvoudeu.**

---

(1) *hennes* n'est pas vannetais. Cillart : *celui-ci,* hena; *celui-là* (*près*), henéh; *celui-là,* henontt; bas-vannet. **hinan,** *celui-ci,* hinec'h, *celui-là* (*près*); hinont, *celui-là* (*loin*).

(2) Cillart : **hineascouah** = **henoas* + gwah = léonard **henoas-vez;* pour la terminaison **wah, gwah,** cf. **gwez** = **wez** dans **dervez,** gallois **gwaith.**

(3) Original **hihiouarh.** Cillart : **hiniouah;** cf. **hineascouah.**

hirvoudus, *gemissant, plaintif, lamentable.*

hivis, *chemise à femme,* [pl.] **hivisieu** [**hiviz, hĭviz**; gall. **hefys**].

hoant, *faim, desir, envie, accomplissement, appetit, souhait;* ean endés é hoüant, *il a l'accomplissement de ses vœux* [**c'hoant**; gall. **chwant**].

hoantat, hoantein, *desirer, souhaiter.*

hoantus, *desireux.*

hoarh, *ris,* [pl.] **hoarheu; guenn hoarh,** *souris* [**c'hoarz**; gall. **chwarth**].

hoarhein, *rire* [**c'hoarzin, c'hoerzin;** bas-vannet. **hwarhet;** gall. **chwerthin**].

hoari, *jeu,* pl. **hoarieu;** hoari é hautre, *joüer son rolle;* hoari bugalé, bugaliguen, *amusette, jeu d'enfant* [**c'hoari**; gall. **chwarae**].

hoari *ou* **hoariein,** *joüer.*

hoariour, *joüeur.*

hoariouric, *joureau.*

hoarn, *fer, métail;* hoarn d'ober goastel, *gaufrier;* hoarn aigr, hoarn bresq, *fer cassant* [**houarn**; gall. **haearn**].

hoarnein, *ferrer* [**houarna**].

[**hohan**] : er hohan, *l'aisné;* drèt er hohan, *droit d'aînesse* [= **cohä,** bas-vannet. **cohăw̆;** léon. **cosa, cosă;** corn. **coth,** *vieux*].

honés, honeh, hona, *celle-la, celle-cy* [*v.* **henneh**].

honnestein, *approprier, rendre net.*

honnestis, *gracieuseté, honnéteté.*

horellein, horellat, *secoüer, hocher* [**horellat**].

hostis, *hôte,* [pl.] **hostizion** [**hostiz, hostisien;** bas-vannet. **hoštis,** pl. **hostijän**]. Fém. **hostizés** *hôtesse,* pl. **hostizezét.**

hou, *vous* (1); hou ré, *les vôtres, les leurs* [*v.* **ardran, ardro**].

houair, *sœur,* [pl.] **houairezét** [**c'hoar;** gall. **chwaer**].

houarn, *fer de cheval,* pl. **houarneu** [*v.* **hoarn**].

houarnage, *feraille.*

houé, *poussière* [Cillart : **houé, huan;** bas-vannet. **huén, hun;** cf. haut-corn. (Faouët) **huišenn**].

[**houé**] : boqueteu a hoüé, *prime-vere.*

houl, houlen, *lame, houle, vague de la mer;* pl. **houleu, houlenneu.**

hòuzeu, *iri* hezeu, *boîtes* [*v.* **hezeu**].

huannadein, *sangloter, soûpirer* [**huanada, huanadi**].

huannat, *sanglot, soûpir,* [pl.] **huannadeu** [**huanad;** gall. **uchenaid**].

huchal, huchein, *crier, appeler pour faire venir;* huchal hemp cesse, *piailler.*

hudal, hudein, *heurter* [cf. **iudal** et **hual**].

hudéal *ou* **hudeein,** *huer quelqu'un.*

[**hudéen** : *v.* **huren**].

hudereh, *heurlement.*

huec, *savouré, d'un bon goust* [**c'houec;** gall. **chweg**].

hüeh, *souffle* [**c'houez;** gall. **chwyth**].

hueh, *six* [**c'houec'h ;** gall. **chwech**].

[**hueh**] : ur hueh butum, *une prise de tabac* [**hueh** = **güeh;** *v.* **gueh**].

huehein, *souffler;* huéhein é fri, *se moucher* [**c'houeza;** gall. **chwythu**].

huéhour, *souffleur.*

huehquenn, *vessie* [*de* **hueh** : *v.* **hueh, huehein** + **kenn,** *peau*] (2).

huehvét, *sixième* [**c'houec'hved**].

[**huein**] : en é huein, *à la renverse* [a-**c'houen,** *à la renverse;* bas-vannet. **huęn**].

---

(1) Comme pronom personnel complément. **Hou ré,** *les vôtres,* moyen-bret. **hoz, oz ré;** hou ré, *les leurs,* moyen-bret. **ho rô.**

(2) Le sens de souffler s'est introduit aussi dans **huisigell,** dérivé de **huisic** du latin vẹsīca : bas-vannet. **huéhegell.**

huenein, huenat, *sarcler* [**c'houen-nat**; *cf.* gall. **chwynogl,** *sarcloir*].

huennenn, *puce,* pl. **huenn** [**c'hoanenn, c'hoenn**; gall. **chwain**].

huennour, huennourés, *sarcleur, sarcleuse* [**c'houenner**].

[**huêr**] : er huêr man (1), *d'ici à long-temps.*

huére, *conduit;* un huére [Cillart : **huérr, huiérr,** *égout :* **huiérr, huére,** *évier*].

huerü, huerhuë, *acide, amer, aspre, acre, austere;* ur gout huerü, *un goust amer* [**c'houerv, c'houero**; haut-corn. (Faoüet) **fero**; gall. **chwerw**].

huerüoni, *acidité, amertume, acreté* [**c'houervoni**].

hués *ou* **huis, huiseenn,** *sueur* [**c'houez**; gall. **chwys**].

huésein *ou* **huisein,** *suer* [**c'houezi**].

huêvrér, *février* [**c'houevrer, c'houevreur**; gall. **chwefror**].

huèzec, *seize* [**c'houezec**; gall. **chwetheg**].

huguedenn, *huette, la huett* (2), pl. **huguedenneu** [cf. **hugenn**].

hui, *vous* [**c'houi**].

huib, huibée (3) *ou* **huibeden,** [pl.] **huibbét,** *moucheron* [**c'houibeden, c'houibed, c'houibuenn, c'houibu, fubuenn, fubu**; gall. **gwibed**].

huiban, *sifflet de la bouche* [gall. **chwiban**].

huibannat, *siffler de la bouche* [**c'houiban**].

huidé, *aloüette;* huidé cabelec, *aloüette chupée* [**alc'houéder, alc'houédez, c'houédez** (à l'île de Batz, d'après Troude); *cf.* gall. **ehedydd**].

huinoen : ur huinoen étal et lagat, *fistule lacrimale* [suppose une forme radicale **guinoen**].

huïs : [*v.* **guis**].

huisiguel *ou* **huiziguenn,** *vesie* [**c'houezigell, c'houezegell** : *v.* **huehqenn**; gall. **chwysigen, gwysigen**].

huispeden : [*v.* **guispedeenn**].

huittel, *sifflet,* [pl.] **huittelleu** [**c'houitell**].

huittellat, huittellein, *siffler* [**c'houitellat**].

huittellereh, *sifflement.*

huittellour, *siffleur,* [pl.] **huittellerion.**

hulér, huilér, *suie de cheminée* [**huzel, huzil**; bas-vannet. **huel**; cf. gall. **huddygl**].

[**hum** : *v.* **humiliein**; cf. **him**].

[**humiliein**] : hum humiliein, *s'abaisser.*

[**hun, hur,** pron. posses. 1re pers pl. : *v.* **ni, ardran, ardro**].

huné, *sommeil;* un une, un uné, *un rêve* [= gall. **hunedd,** *somnolence, état de torpeur*].

huneein *ou* **hunéal,** *réver pendant le sommeil.*

hunvré, *rêve. Voyez* **evré.**

hunvreour, *ici* eivreinnour, *un songeur.*

huppen, *touffe.*

huren, *nuée,* [pl.] **hurenneu,** *ou* **hudeen,** pl. **hudenneu** [cf. **hudur,** *sale, malpropre?*].

---

(1) = **huerh.** Cillart : **er-huerh-ma,** *d'ici longtemps* (au mot *long*). Je n'ai pas introduit *huerh* dans le texte, parce que *h* est assez souvent peu sensible après *r* sur certains points du haut-vannetais.

(2) *luette* = *l'huette.*

(3) A **huibée** répondrait un léonard ***c'houibez.**

I (1), Y

iah, *gaillard, sein, en santé*; **yah** [**iac'h**; gall. **iach**].

iain, *froid* [**ien**; *cf.* gall. ia, *glace*].

iainein, *refroidir* [**ienaat**].

iainnadur, *froidure, refroidissement, ralentissement, ressentiment de haine.*

ialh, *bource*, [pl.] **yalheu** [**ialc'h, îlc'hier**].

iaoanc, *jeune*; un deen ïaoanc, *un adulte, un jeune homme;* iaoancoh, *plus jeune* [**iaouanc**; gall. **ieuang**].

iaoanctisse, *jeunesse, adolescence* [léon., bas-vannet. **iaouankiz**].

[iaoanquein] : him yaoanquein, *se requinquer* [**iaouancaat**].

yar, *poule, volaille*, pl. **yér;** yar bihan, ha lart, *gelinotte;* yar goüé, *gelinotte de bois;* clud er yer, er hlat, *poulailler, ou* ti de logein er yér [**iar**, pl. **ier;** gall. **iar, ieir**].

[yati] : er yaü, *joug qu'on met aux bœufs* [**ieo**; gall. **iau**].

iboud, iboude, *ante, greffe* [**emboudenn, iboudenn**].

iboudein, *anter, greffer* [**ibouda, embouda**].

iehet, *santé*, er ïehet [**iec'hed;** gall. **iechyd**].

ihuel, *haut* [*v.* **inhuel**] [**huel;** gall. **uchel**].

ihuelat, *hausser, exaucer.*

ihueldèt, *haussement, exaucement, sublimité, excellamment* [**huelder**].

ijonn, *bœuf*, pl. **eheine** *ou* **ohaine** [**ejenn, ijenn;** bas-vannet. **eïjenn;** pl., trég., corn. **ohen, ouhen;** gall. **eidion, ychain**].

imbât *ou* embat, *divertissement, passe temps* [**ebat**].

imbreil, *avril* [**ebrel;** gall. **ebrill**].

implige *ou* implé, *employ* [**implich**].

impligein *et ici* impléein, *employer* [**implija**].

imur, *humeur, inclination, penchant.*

incant, *subhastation, vente publique, encan.*

inchagein, *rencoigner;* inchagét, *rencoigné.*

inclasque, *recherche pour faire succomber quelqu'un*, pl. **inclasqueu** [**enclasc**].

inclasquein, *enquerir soigneusement, ou chercher à surprendre* [**enclasc**].

inclination, *item en françois, penchant;* goal inclination, *passion* [moy.-bret. **enclination**].

inclinein, *pancher.*

incombre, *lourd, pesant, embarassé;* ur voües incombrét, *une femme embarassée dans sa grossesse.*

indram, ind[r]amein, *javeller* [*v.* **-dram**; d'après Grégoire de Rostrenen, il faut sept ou huit *dramm* pour faire une *malan* (gerbe)].

inean, *ame*, pl. **ineaneu** *ou* **inéeu** *ou* **ineanneu** [*v.* **enan**].

ineh, *ici* hineah, *ce soir* [*v.* **hineah**].

inévat *ou* énévat, *orfelin*, [pl.] **inevadet** [**emzivad;** gall. **amddifad**].

infamité, *ignominie* [moy.-bret. **iffamite, iffamydiguez**].

ingagein, *engager.*

ingail, *repartition* [**ingal**, *égal*].

ingrat, *inexorable, impitoyable, ingrat.*

ingrateri, *méconnoissance, ingratitude* [moy.-bret. **ingrateri**].

---

(1) Pour les mots commençant par *j* (*j* français) confondus dans l'original avec les noms commençant par *i*, je les ai séparés et rangés sous la lettre *j*.

ingoche, *mortaise,* [pl.] **ingochen.**

inhodein, *monter en épi* [cf. **di-oda,** et gall. **hodi,** *même sens*].

inhuel *ou* **ihuéle,** *haut, élevé* [*v.* **ihuel**].

inhueldet, *haussement, exaucement.*

inhuelein *ou* **inhuélat,** *exalter, exaucer.*

iniouah, *durant le jour* [*v.* **hini-ouah**].

inrauque, *avance, profit, avantage* [cf. **a-raoc,** *avant*].

intan, *veuf,* pl. **intanyon** [moy.-bret. **eintaff; intäv, intaô,** pl. **intärien;** bas-vannet. **intäw;** vieil-irl. **ointam**].

intanüés, *veuve,* [pl.] **intanüezét** [moy.-bret. **eyntaues; intäves**].

interemant, *funerailles, enterrement,* [pl.] **interemanteu** [moy.-bret. **enterramant**].

intïmation, *ajournement, signification.*

intimein, *ajourner, actionner, lever procez, signifier.*

inzel *ou* **isel,** *bas, abjet* [léon., bas-vannet. **izel;** gall. **isel**].

inzeldèt, *abaissement* [léon., bas-vannet. **izelded**].

inzellat, *abaisser* [**izelaat;** moy.-bret. **ysselhaat**].

ioh, *amas, tas, mulon, masse, pile,* [pl.] **ioheu;** ioh méne, *mole, tas de pierres* [**ahioh** *ou* **ayoh,** *a monceau : v.* **a;** bas-vannet. **yuc'h**].

iohein, *entasser, accumuler* [bas-vannet. **yuhein**].

iondre, *oncle,* pl. **yondrét** [contr; bas-vannet. **yônt;** gall. **ewythr**].

iour, *ancre de vaisseau,* [pl.] **ioureu** (à Sarzeau); turul en iour, *ici* **ihor,** *ancrer, jetter l'ancre* [**èor, hèor**].

iout, *bouillie de toutes sortes,* pl. **youdeu;** iout plotec, *de la bouillie toute en grumeaux;* iout plotennec, *bouillie toute en grumeaux* [**iod;** bas-vannet. **youd;** gall. **uwd**].

ir, *oiseau,* pl. **irét,** *ici* **eine,** [pl.] **einét** [*v.* **eenë**].

iragnenn, *araignée,* [pl.] **iragnét.**

irh, *ici* **éerh,** *neige* [**erc'h**].

irvinec, *champ de navets.*

irvinenen, pl. **irvin,** *navets* [bas-vannet. **irwin;** gall. **erfin**].

irvoudein, *soûpirer, sangloter, se lamenter* [*v.* **hirvoudein**].

irvoudus, *lamentable, déplorable, pitoyable.*

irvout, *soûpir, sanglot,* pl. **irvoudeu.**

issu mat, *succés.*

istimein, *estimer, priser, apprecier* [moy.-bret. **estimaff**].

istrec, eistrec, *lieu où l'on va pécher les huitres.*

istren, *huitre,* pl. **eistre** *ou* **aistren,** pl. **aistr** [**istrenn, histrenn,** pl. **histr**].

iüé, ehué, *aussi, pareillement* [**ivez;** bas-vannet. **ewe;** corn. **ynwedh, awedh**].

iuidic, *la temple de la téte,* [pl.] **iuidigueu** [**ividic**].

ivage, *boisson* [**evach**].

iveiü, *boire;* ivein lomigueu, *sirotter, boire* [**eva, efa;** bas-vannet. **evein, evet;** gall. **yfed**].

ivin *ou* **évin,** *ongle,* pl. **ivineu, ivinét, évinet** [**ivin, ivinou;** gall. **ewin;** bas-vannet. **iwin**].

ivin reau, ivin réüet, *onglée* [**ivin-reo**].

ivinen, güen ivein, *if (arbre)* [**ivinenn, ivin**].

ivle, *huile* [**eol;** bas-vannet. **ivoul**].

ivlein, *huiler* [**eoli**].

iun, *jeúne;* ar ïun, *à jeun.*

iunein, *jeúner* [**iun, iuni**].

yvor, *ancre de vaisseau,* pl. **yvoreu** [*v.* **iour**].

ivour, *beuveur,* pl. **iverion** [**ever, efer**].

izili, *les ossements humains et particulierement les joints;* usét eu bed en izili, *il n'a que la peau sur les os* [sg. **ezel,** pl. **izili;** corn. **esel, esyly, ysyly**].

J [= J français]

jacqueden, *une jacquette, jupon, juste-au-corps* [**jakedenn**].

jahin, *géne, torture, question, ici noise* [moyen-bret. **jahin**].

jahinein, *géner, agasser, chercher noise* [moyen-bret. **jahinaff,** *torturer*].

jahinour, *noiseur, agresseur, qui cherche noise.*

jambage, *jambes de force.*

[jau] : ur jau, *une monture, un cheval* [**jao,** *toute monture,* parfois *attelage;* bas-vannet. **jọ**].

jeutein, *souder, assembler, joindre.*

jobelin, *jobeline, coëffe pour garantir du soleil.*

joent, *annexe* [moyen-bret. **joendr, joent**].

joentadur en esquern, *suture des os.*

joentein, *joindre, assembler, ajoûter;* him joentein, *se joindre, adherer, s'associer, se liguer, s'unir* [moyen-bret. **joentaff**].

joï', *adieu* [= **joy** : v. **joy**].

joïustêt, *gaillardise, gayeté* [**joausded**].

jottadein, *souffleter.*

[jottat] : ur jottat, *un soufflet* [**jotad;** bas-vannet. **chotad**].

jotte, *joüe,* [pl.] **dijotte** [*deux joues*] [**jod, jot, diou-jod;** bas-vannet. **chọt, di-chot;** cf. **javed**].

jottus, *joufflu.*

joy, *plaisir, joye,* pl. **joyeu** [**joa**].

L

labour, *travail, labeur;* labour terrien, *agriculture, labourage.*

labourein, labourat, *travailler* [léon., bas-vannet. **labourat**].

labourér, *laboureur;* ul labourér apert, *un vaillant laboureur.*

lacat ou **laquein,** *mettre, supposer* [**lacaat**].

laçe, *piege que l'on tend pour prendre des oiseaux,* pl. **laçeu** [**las, lasou**].

laëronci ou **laironçi** [**leronsi**], *larcin, vol* [**laerösi**].

lagadat, *regard.*

lagadenn en yhaul, *rayon du soleil.*

lagat, *œil,* pl. **deulagat** [*deux yeux*]; un taul lagat, *un clin d'œil* [bas-vannet. **lagat, dáw-legat;** gall. **llygad,** *pl.* **llygaid**].

lagüenn, *lac;* poul lagüenn, *lacune* [**lagenn**].

lagüenn, *voirie pour les immondices, cloaque.*

[lah] : lah arnehou, *donne dessus* [cf. **lahein**].

lahein, *tuer;* lahein dré assassinat, *assassiner* [**laza;** gall. **lladd,** *tuer et battre;* en moyen-bret. *tuer, choquer, offenser*].

lahereh, *tuerie* [**lazerez**].

lai ou **lay** ou **laye,** *veau,* pl. **layeu;** coh lai, *toreau,* ur hollai, courhenn lai, veslin [*peau de veau*] [**leue;** bas-vannet. **lẹ;** gall. **llo**].

laire, *aire à battre,* pl. **lairieu** [**leur:** gall. **llawr**].

laire, lairés, *voleur, voleuse,* pl. **lairon, lairézet** [**laer,** pl. **laeroun;** moy.-bret. **lazr, lazron;** Ouessant, **laedroun;** gall. **lleidr, lladron**].

lairein ou **laireah,** *voler, friponer, dérober* [**laerez;** moyen-bret. **lazrez;** bas-vannet. **lẹrac'h**].

[lam] : ul lam, *un sault.*

lambrusque ou **lambruscadur,** *lambris* [**lambrusc**].

lambrusquein, *lambriser.*

lamein ou **lemel,** *abolir, ôter;* on dit aussi **namein** [**lemel,** bas-vannet. **lemer**].

lanec, *landier, lieu plein de landes.*
langage, *babil.*
langagein, *babiller.*
langagér bras, *grand abateur de bois, grand avaleur de pois gris, babillard.*
langér, *couverture,* [pl.] **langerieu** [bas-vannet. **lãjer**].
languissal *ou* **languissein,** *languir* [moyen-bret. **languissaff**].
lann, *lande,* pl. **laneu, Janégui** [pl. de **lanec**] [**lann,** pl. **lanneier**; bas-vannet. **lannaw-yer**].
larcoh, *plus avant* [*v.* **larg**].
lard, *graisse;* lard tée, *gras fondu;* hautér lard, *petit lard;* lard douce, *sain-doux* [**lard teuz;** *saindoux;* bas-vannel. **lard teu**].
lardèein, *larder, piquer.*
lardein, *engraisser* [**larda**].
larg, *avant* [*v.* **larcoh**]; larg met, *bien avant, un peu avant* [**larg, laro**].
larganté, *liberalité, abondance;* guet larganté, *à gogo* [**largĕntez**].
largeoüèr, *lardoire, ici* **lardouére.**
[**larv**] : **larv ha treh,** *flus et reflus de la mer : voyez* **chale;** larv ara, larv zou, *la mer monte;* en treh hac el lan (1) ag er mor, *le flus et reflus de la mer* [**lano; larv** = ***lanv** en une syllabe (gall. **llanw**) : cf. **harv**].
latten, *levier, ici il se dit comme en françois.*
[**lauré**] : sul el lauré, *Pasques fleurie* [**loré**].
lausque, *lâche, mou, effeminé, tiede en devotion, etc.* [**laosc; laoscaat,** *se relâcher*].
lausquein, *lâcher, laisser* [**leuskel**].
lavarein, *dire, parler* [**lavaret;** bas-vannet. **laret;** gall. **llafaru**].
lavarour, *causeur, grand abateur de bois, grand avaleur de pois gris.*
lavrêg, *culotte,* [pl.] **lavréguen** [gall. **llafrog**].

leah, *lait;* leah tro, *petit lait;* goaïen leah, *veine lactée;* guilot leah, *clair de lait;* leah livreh *ou* leah douce, *lait doux* [**leaz, leaz livriz;** gall. **llaeth, llefrith;** bas-vannel. **lęc'h**].
leaha *ou* **leha,** *alaiter* [**leza**].
leahaourés, *laitiere* [**lezaerez**].
leal, un deen leal, *homme de probité.*
lealdét, *probité* [**lealded**].
leannein, *pleurer* (à Sarzeau seulement) [**lĕva;** gall. **lefain**].
leannés, *none, religieuse* [**leanez,** bas-vannet. **liänes;** gall. **lleian**].
lèdan, *large* [gall. **llydan**].
ledandét, *largeur.*
ledannat, ledannein, *agrandir, étendre, élargir, rarefier* [**ledãnaat**].
lédeec *ou* **lédein,** *étendre* [bas-vannet. **ledec**].
leh, *lieu, place,* pl. **leheu** *ou* **lehieu;** groet leh, *gare, place* [*faites place*]; leh a zibauche, *garoüage, lieu de débauche* [**lec'h;** gall. **lle**].
léhage, *laitage.*
lehét, un lé de drap, de velour, *etc.* [**lec'hed**].
lehuiné, *joye, plaisir* [**levenez**].
leïdec, laihedégui [pl.] *ou* **laihit,** *la vase de la mer* [**lec'hid,** *limon, terre boueuse;* **lec'hidec,** *limoneux;* gall. **llaid**].
leih, *plein, rempli; on peut aussi le dire pour signifier du grain humide;* **leih scloque,** *tout plein* [**leiz,** *plein;* **leiz,** *humide;* gall. **llaith,** *humide*].
leinat, *ortie;* botleinat, *brousse d'orties* [bas-vannet., léon. **lęnad**].
lein, léne *ou* **lan,** *plein* [**leun;** bas-vannet. **lãn;** gall. **llawn**].
leinnour, *lecteur* [**lenner**].
lem *ou* **luem,** *affilé, coupant, perçant, aigu, pointu;* un aüel lem, luem, *un vent coupant, aigu;* en tu lem, *ici* luem, *le*

---

(1) Écrit deux fois; la première : en treh, hac el *lau* ag er mor, *le flus et reflus de la mer. Voyez* **chale;** la deuxième : en treh, hac el *lan* ag er mor, *le flus et le reflus de la mer.*

taillant, le tranchant [léon., bas-vannet.
lemm; gall. **llym**, *fém.* **llem**].
lemel, lamein, à Sarzau **namein**,
arracher, ôter [*v.* **lamein**].
lemmein *ou* **luemmein**, *affiler, aigui-
ser* [**lemma**].
lemmour, luemmour, *gagne petit,
emouleur.*
lene *ou* **leinnein**, *lire* [**lenn**; bas-vannet.
lēn; gall. **llên**, *instrution*].
lenn, *etang*, [pl.] **lenneu** [gall. **llynn**,
féminin, comme **lenn**].
lennat, *ortie* [*v.* **leinat**].
[**lerh**] : ar **lerh**, *après*; lerh oh lerh, *tout
de suite, successivement*; lerh ar lerh,
d'arrache pied [**lerc'h**; corn. **lergh**].
leseühein, leseuha, *sarcler, cueillir des
herbes.*
léssane, *surnom*, [pl.] **lessanüeu** [les-
hāv, leshano; bas-vannet. **lesān**; gall.
llysenw].
lessanüein, *surnommer* [**leshēvel,
leshāvel**].
lestre, *navire, vaisseau*, [pl.] **lestri** [*v.*
aros] [**lestr, listri**; gall. **llestr**].
letton, *cercle, bague sans chaton*, [pl.]
letonnét (à Aradon).
leüe, laiüe *ou* **leau**, *lieuë*; dihuē laiüē,
tair laihuē, *deux lieuës, trois lieuës* [léo :
bas-vannet. **leẅ**].
léüec, *pouilleux*; hum zilouein, *s'épouiller*
[**laouec**].
léüen, *pou*, pl. **leü** [léon., bas-vannet.
laouen, pl. **laou**; gall. **llau**].
léuiein *ou* **léviat**, *gouverner avec un
gouvernail* [**levia, leviat**; gall.
llywio].
lévre, *livre*, pl. **liureu** [**levr, lear**, bas-
vannet. **leẅer, lerẅ**].
lévrerés, *levrette*, [pl.] **lévreresét** [cf.
levran, *lévrier*, pl. **levrini**].
lévric, *ici* **livric**, *petit livre, livret*.
lezeen, *loix, religion*, pl. **lezeenneu**
[**lezenn**].
lézéüenn, *herbe, herbage*, [pl.] **lezeü**;
lézeüenn er ru, *ruë (herbe)*; lézéüenn er
groés, *verveine* [léon., bas-vannet. **lou-**

zaouen, pl. **louzou**; bas-vannet. **lou-
zaou**; gall. **llyseuyn**, pl. **llysiau**].
lézeüour, *herboriste.*
lézeüourés, *vendeuse d'herbes.*
liam, *lien, ligament*, [pl.] **liameu.**
liamein, *garroter, lier* [**liamma**].
lianen, [pl.] **lianeu**, *langes* [**lienen**; bas-
vannet. **liānen, liānaw**; gall. **lliain**,
toile].
libonnic, *emouleur.*
libous, *salope*, [pl.] **libousét.**
lichér, *friand*. *Voyes* **morcér** [**licher**;
bas-vannet. **lichous**].
lichereh, *friandise.*
lie, *lic*; lie guin, *lie de vin* [moyen-bret. **ly**].
lien, *linge*; lien fetis, *bon linge* [**lien**; bas-
vannet. **liān**].
liénage cren, *gros linge* [**lienach**; bas-
vannet. **lianaj**, *avec a non nasal, tous les
objets en toile d'un ménage*].
liénagic, *menu linge*, [pl.] **liénagigueu.**
liennaour, *marchand de toile.*
liennaourés, *toiliere, marchande de
toile.*
liés, *souvent*; liés mal, *souvent* [bas-vannet.
lies, yes; gall. **lliaws**].
lignagét, *apparenté.*
lignée *ou* **lignage**, *lignée* [**lignez**; moy.-
bret. **lignag, lignez**].
lihér, liheren, *lettre missive*, pl. **lihe-
reu** [**lizer**, *épitre*; **lizeren**, *une lettre
de l'alphabet*; gall. **llythyr, llythy-
ren**].
lim, *lime*, [pl.] **limeu**; lim plombét, *lime
sourde.*
limein, *limer* [**lim**].
[**limon**] : er marh limon, *cheval limonier*
[**limoun**, *limon*].
limur, *sieure*; limur coet, *sieure de bois.*
lin, *lin* [gall. **llin**].
linec, *champ de lin.*
linenn, *ligne, niveau*, [pl.] **linenneu**;
planicin a linenn, *aligner*; tennein él
liuenn, linennein, *aligner, niveler.*
lingerés, *lingere, toiliere*, [pl.] **linge-
rezét.**

liorh, *jardin, courtil*, [pl.] **liorheu** [**liorz**; bas-vannet. **liorh** *et* **yorh**; corn. **luworth, lowarth**].

liorhic, *jardinet* [**liorzic**].

lippat *ou* **limpat**, *lécher*.

lippour *ou* **limpour**, *lécheur* [**liper**].

liu *ou* **lihuë**, *couleur et ancre pour écrire ; liü mélène, isabelle, couleur jaune; liü goët marh, couleur de porceau* [**liou**; gall. **lliw**].

liüein, *teindre* [**liva**].

liüereh, *teinture* [**liverez**].

liuour, *teinturier* [**liver**].

liüourés, *teinturiere*.

loare, *huche, auge d'une piece pour paitrir*, pl. **loareu** [*v.* **loüere**] [**laouer**; bas-vannet. **loher**; moyen-bret. **louazr**].

lodec, *participant. compartageant*.

lodenn, *partie, portion*.

lodennic, *un fragment, petite partie*.

lodic, *parcelle, petite portion*.

loge, logic, *maisonnette, bouge, petit reduit, chaumine* [**loj**; bas-vannet. **lŏch**].

logein, *loger* [**loja**].

logeriss, *logement* [**lojëiz**; moyen-bret. **logericze**].

logodenn, *souris*, pl. **logot** [gall. **llygodenn, llygod**; bas-vannet. **lŏgŏdenn** (1).

logodenn pendal, *chauve-souris*.

logotat, *prendre, chercher des souris* [**logota**; gall. **llygota**].

[**lohér**] : ul **lohér**, *un sonneur de cloche;* **clohér**, ul **lohér**, pl. **clohérieu**, *clochers* [= **cloc'her**, *sonneur de cloches*].

loi, *cuillere*, pl. **loïeu**; ul **loi** *tasson, truelle* [**loa**, pl. **loaiou**; gall. **llwy**].

[**loïat**]: ul **loïat**, *une cuillerée, une truellée*.

lom, *goutte*, **lomic** [*diminutif*], pl. **lomigueu** [**lomm**; gall. **llymaid**].

lon, *bête, animal*, [pl.] **lonnét** [**loen**, pl. **loened**; bas-vannet. **lŏn, lŏned**; moyen-bret. **lozn**; gall. **llwdn**].

lonquein, *avaler, absorber, humer, lonquein én un taul, avaler tout d'un coup* [**lonca**; gall. **llyncu**].

lonquér, *glouton, goinfre, vorace*.

lorbein ur verb, *corrompre, suborner une fille*.

[**lorberés**] : ul **lorberés**, *une enchanteuse*.

lorbour, *trompeur, seducteur*, pl. **lorberion**.

lore *ou* **loire**, *chausse, bas*, pl. **laireu** *ou* **léreu** [**loer**, pl. **lerou, lereier**; bas-vannet. **leraw-yer**; moyen-bret. **louzr**, *chausse ;* gall. **llawdr**, *pantalon, culotte*].

lorh, *épouvente*.

lorhein, *saisir de frayeur. épouventer*.

lorgnein, *lorgner*.

losquadur, *brûlure*.

losquedic, *brûlant, ardent;* tan losquedic, *feu ardent*.

losquein, *brûler* [**leski**; *part.* **losket**; bas-vannet. **lŏskein**; gall. **llosgi**].

loste, *queuë, le derriere*, pl. **losteu**; ur marh ar é lost, *un cheval acculé;* loste el léen, *la queuë de l'etang* [bas-vannet. **lŏšt**; gall. **llost**].

lot, *part, portion, partie*, pl. **lodeu**.

[**loüe**] : ul **loüe**, *vène*, pl. **loueu** [**louf**, *vesse ;* bas-vannet. **lou**].

louein, *puer, véner, vessir* [**loufat**; moy.-bret. **louffat**].

loüere, *une auge ;* leih ul **loüere**, *plein une auge* [*v.* **loare**].

louiss, *louche* [cf. **luch, luich**; moyen-bret. **loes**].

lourdiss, *incivilité, bêtise*.

lourt, *materiel, lourd*.

lousteri, *saleté, immondice, vilenie, laideur* [cf. **lousdoni**; bas-vannet. **louštri**].

loustêt, *vilenie*.

louviadal, *louvoyer, aller bord sur bord (Monsieur le Calvé)*.

---

(1) Quiberon : llou°goadian = vannetais *lŏgŏdẹn.

lovre, *ladre (maladie)* [**lovr, lor;** bas-vannet. **lōr;** cf gall. **llwfr,** *peureux, faible*].

luairat *ou* **loirat,** *lunaison, lunée.*

luaire *ou* **loire,** *lune* [**loar;** bas-vannet. **loẹr;** gall. **lloer**].

luannadur, *moisissure.*

luannein, *moisir* [bas-vannet. **lwẹ̈wein** (1).

lubric, *impudique.*

lubricité, *impudicité.*

[**lué :** a zelhué *ou* azialhué, a zerlué, *d'en haut*; derlué, *en haut* [bas-vannet. **luẹ** = **lẅẹ**; cf. léon. **laez,** corn. **laé**].

luem, *affilé, éguisé, pointu*; **luémein,** *émondre*, etc. [*v.* **lem**].

luern, *renard* : *v.* **retrette** [**louarn,** bas-vannet. **loarn**].

lués, *louche*, **luẹisein**, *loucher* [*v.* **louiss**].

luguern, *lucur, splendeur*, prean luguern, *ver luisant.*

luguernein, *luire, rayonner* [**lugerni**].

.**luguernus,** *lumineux, rayonnant, luisant* [**lugernus**].

luheden, *éclair*, ou *charbon dans le grain*, pl. **luhét** [**luc'hedenn, luc'hed ; lufed**].

luhein, *reluire, éclairer* [**luc'ha**].

lusquein, *commencer sans finir*; lusquét ouen én licent, *je m'étois mis en chemin* [cf. **lusca,** *secouer, ébranler*].

lusquenn *ou* **lusquennat** *ou* **lusquennein,** *bercer* [cf. **luscat, luskéllat,** *bercer*; bas-vannet. **hušellat** = *huskellat a une origine différente; cf. gall. **llusgo,** *traîner*].

lusquennereah, *bercement.*

lutrin, *turbine* [*tribune*], *jubé.*

M

[**ma,** conj. : *v.* **euit**].

mabec, *gendre, beau-fils.*

maestronnein, *maîtriser* [**mestrounia**].

maestronni, *maîtrise, propriété.*

magadel, *non valant, sans souci* (2).

magadur, *nourriture, aliment, subsistence, sustentation.*

maguein, *nourrir, alimenter, substenter* [**maga**].

maguér, *nourricier* [**mager**].

maguerés, *nourrice*, [pl.] **maguerezét** [**magerez**].

maguét mat, *plantureux, bien nourri.*

mah, *foule, affaissement, compression* [*v.* **mahein**].

mahagnét, *mutilé, estropié, perclus, paralitique.*

mahaignein *ou* **mahagnein,** *mutiler* [**mac'hagna**].

mahein, *fouler, opprimer, écraser, affaisser* [**mac'ha**].

[**maiein:** *v.* **méein**].

mairein, maerein, *maraine* [**maerounez, maeronez; mamm-maeroun;** bas-vannet. **mamm-boẹron**].

mais, *muid*, pl. **maisieu;** mais halein, *muid de sel* [cf. **būs** pour **mūs** (3), *muid*].

malagreste, *fâcherie, lieu de mécontentement.*

---

(1) Peut-être pour un ancien **loued-wẹw,** de loued, *moisi, gris*, et de **gwew, gwevein,** *se faner, flétrir*; pour la formation, cf. gallois **llwyd-wynau,** devenir *blanc-gris.*

(2) Cf. léon. **magadell;** Cillart : **magadèll,** *nourrisson.* De ce sens, on est arrivé à celui de *bouche inutile,* puis *d'insouciant.*

(3) Cf. *mūs* de *muids,* comme *pūs* de *puits.*

mâlardé, *carême prenant*, *carnaval*
[**meurlarjez, molarjez**].

male, *mâle, le sexe viril, le genre masculin*, [pl.] **mâlét; femelen**, pl. **femel**,
le sexe, genre féminin, femelle.

malediction, *idem*.

mâlein, *moudre*; dent a vale, *dent mo-
liere, les grosses dents* [**mala**].

mâlereah, *mouture*.

maleu, *anilles* [*béquilles*; Cillart : **mâle**
= **māl, maleu**].

malice, *haine, malice*.

maliçein doh, *endever*, maliçe doh, *haine*
[*contre*].

mallardé : [*v.* **malardé**].

maloh, *malediction, imprécation*, pl. **ma-
loheu** *ou* **maluaih, maluaiheu**, [**mal-
loz**; bas-vannet. **maloac'h** et **malah,
malaš, maleš** dans les expressions *ma-
lac'h Toę, malaš Tou, malédiction de
Dieu*; cornique **molleth**].

malohein, *maudire*.

maltre, *fouine, marte*. pl. **maltrét**.

malüen, *paupiere*, [pl.] **divalüen** [*deux
paupières*] [**malvenn**].

mam, *mere*, [pl.] **mameu, mam-goh** *ou*
mamieu, *grand-mere* [**mam-goz** :
v. **mamieu**].

mambragenn, *mambrure*, pl. **mam-
brage, mambrageu**.

mam-diegués, *accoucheuse, sage-femme,
matrone*, pl. **mam-dieguesét** [cf.
amiegez].

mamene, *source*, ur vameen, pl. **mamen-
neu** [**mammenn**].

[**mamieu**] : **mamieuuét**, *des grands-
meres* [Grég. de Rostr. **mam-you**, *tri-
sayeule*; Cillart : *aycule* **mamïeu**, *bi-
sayeule* **gour-vamïeu** : *v.* **gourdadieu**].

man, *mousse* [haute-corn. et bas-vannet.
mân; gall. **mawn**] (1).

manche, *manche*, er vanche, *la Manche*
(*mer*).

manchennour, *foureur, manchonnier*.

mangoêr, *muraille*; en tu doh er vangoêr,
la ruelle du lit; ur goh vangoêr, *mazure*
[**moger**; bas-vannet. **magwęr** *et* **man-
gwęr**; gall. **magwyr**].

manné, *montagne, mont*, pl. **manneïeu**
[= **mānę, menez, meneziou, mene-
šou**; gall. **mynydd**].

mannec, *gant*, [pl.] **mannégueu**; mannec
fourét, *mitaine*; mannec hoarn, *gantelet*,
manegeu hoarn, *menottes* [**maneg**].

mannegour, *gentier* [**maneger**].

mannégu[e]in, gusquein mannégeu, *gan-
ter*.

mannér *ou* **menair**, *gentilhommiere,
manoir*, pl. **menairieu** [**maner**].

mannous, *nasillard*; **mannousein**, *na-
siller*.

manquêt, ur manquet, *un manchot*.

manquin, *mannequin, hotte*, ur manquin,
pl. **manquinieu**.

mantel, *manteau*, pl. **mentel**, mantel
bugul, *houpelande*; mantel pillec *ou* man-
dillen, *mandille*; manteel cheminal, *manteau de cheminée* [**māntell**, pl. **měn-
tell**].

[**mantelic**] : ur vantelic, *un mantelet*.

map, *fils, enfant*, pl. **mabét**; quemér de
vap, *adopter* [**mab, map**, pl. **mibien,
mipien**; gall. **mab**, pl. **meib, mei-
bien**].

map caer, *beau-fils*.

map deen, *l'homme, le genre humain*,
[**map-den**; cornique **map den**; gall.
map dyn].

map gast, mab ěr gast, *bâtard, illegitime,
fils de putain* [**mab-gast, map-cast;
mab ar c'hast**].

mar, *si*; mar guellan, *si je puis* [cornique
mara, mar].

---

(1) A le sens de *tourbe;* pour le sens, cf. anglais **moss**, *mousse* et *tourbe*, allemand
moos, *de même*. En Haute-Cornouaille (Faouët), on a **moän; män, moän**, supposent
une forme vieille-celtique **mosăna** ou **māsăna**, cf. allemand et anglais; cf. irlandais
móin (Strachan tire *móin* et *mawn* de *mokni-).

mar, par exclamation, *tant :* mar guire é, *tant il est vray* [moy.-bret. **mar,** *si, tellement;* cornique **mar,** gall. **mor].**

marbleau, *poil follet,* ici **barhuë gluan** [**marbleo].**

[**marchaussi : ** *v.* **meüel; marchosi,** bas-vannet. **masosi].**

marée, *le flot de la mer, la marée.*

marellét, *tacheté, panaché;* marellét a zu ha guën, *gris pommelé* [**marellet,** *bigarré].*

margage, *marc;* margage ressein *ou* avaleu, etc., *marc de raisin, de pommes,* etc.

marh, *cheval,* pl. **ronsét;** ar varh, *à cheval* [**marc'h].**

marhadour, *marchand,* [pl.] **marhadi-** - **zion** [**marc'hadour,** pl. **marc'hadourien;** bas-vannet. **marc'hadouriän** *et* **mar̆c'hadijän].**

marhadoureh, marhadoureah, *marchandise* [**marc'hadourez].**

marhadourés, *marchande,* [pl.] **marhadourézet.**

marhalé, *lieu où on lient le marché* [**marc'hallac'h;** moy.-bret. **marchatlec'h;** bas-vannet. (1) **marhalęc'h].**

marhat, *marché, convention.*

marhateah, *marchander* [cf. **marc'hata** *et* gall. **marchnata].**

[**marhuë :** *v.* **marv].**

marmous, *singe, marmouset,* pl. **marmousét** [**marmouz].**

marmouzés, *guenuche.*

martesé, marsé, *peut-être* [bas-vannet. [**martreze** *et* **matrezen;** cornique **martesen].**

marv, *mort,* quelqu'uns écrivent **marhuë;** boud é teennein doh er marhuë, *agoniser;* poent er marv, *l'agonie.*

marvaillein, *habler.*

marvaillour, *babillard, causeur, hableur.*

marüein *ou* **merüel,** *mourir ;* éma è veruél, *il est à l'agonie* [**mervel].**

massacre, *toute sorte de curage* (2) et *idem.*

massacrein, *assommer, massacrer, savater.*

massacrour, *un savetier, gâte métier.*

mastiguein, *mâcher.*

mateh, *servante,* [pl.] **mittion,** [**matez,** pl. **mitizien;** cornique-moyen **maghteth].**

matéhic, *soubrette, chambrillon.*

materisse, *bonté, humanité.*

maule, *mauve* [**malv, malo].**

may, mis may, *mois de may* [**mae].**

[**mé,** pron. pers. sujet, 1re pers. sing.: *v.* **é].**

[**me,** pron. possess. 1re pers. sing. : *v.* **ardran, ardro;** cf. léon. **va, ma;** *v.* **mén].**

meaoüein, meaüein, *enyvrer* [**mezvi].**

meau', méev, *yvre* [**mezo;** gall. **meddw].**

meaüer, méuér, *yvrogne,* pl. **meauerion** [**mezvier].**

meauerés, *yvrognesse,* pl. **meauerezét** [**mezvierez].**

mèchér, michér, *métier, art, vacation,* [pl.] **mecherieu.**

medat reglét, *un pied de roy* [léon., bas-vannet. **meudat,** gall. **mawd, bawd].**

medein, *scier le bled* [**medi;** gall. **medi].**

medereh, *scieure, la saison où l'on coupe les bleds* [**mederez].**

medour, *moissonneur,* [pl.] **méderion** [gall. **medwr].**

méein, meat, *paîtrir;* maiein, maiat, *paîtrir de la pâte, du beurre,* etc. [**meza].**

meh, *honte, modestie, timidité* [**mez;** cf. gall. **methu].**

[**mehér,** *étoffe :* *v.* **goalennat** *et* **miér].**

meheuénic, *ici* **gourhelin,** *juillet* [**mezevennic :** *v.* **gourhelin].**

---

(1) A Guémené, le marché au lait se faisant sur la place du *marhalec'h,* ce mot a pris la signification de *marché au lait.*

(2) Cillart : curage, *scarhadur, massacre.*

méhéuin, *juin* [**mezevenn,** bas-vannet. **mehewen** : cf. gall. **mehefin**] (1).

mehus, *honteux, modeste, timide* [**mezus**].

[**meige**] : **caige meige,** *pesle-mesle.*

[**meil** : *v.* **dourn**].

meil, *mulet (poisson),* pl. **meilli, meillét** [**meill** avec *l* mouillé].

mein, *pierre* [**mean, men,** pl. **mein,** haut-corn. (Faouët) **mīn;** gall. **maen,** pl. **meini**].

meinec, *pierreux, plein de pierre;* douar meinec, *pierre graveleuse.*

meit, *sinon que, à moins que, pourvú que* [pour **nameit** et **nemeit,** avec accent sur *meit; v.* **nameit**].

mél, mile, *moële* [bas-vannet. **męl**].

melchonen, *sain-foin,* pl. **melchon** [gall. **meillionen, meillion**].

melconi, *mélancolie.*

méléne *ou* **milene,** *jaune;* ar er méléne, *jaunâtre* [*sur le jaune*]; méléne caër, méléne coaire, *beau jaune* [méléne coaire, *jaune cire*] [**melen;** gall. **melyn,** *fém.* **melen**].

mélénein, *jaunir.*

melgre, mergle, *roüille;* melgre comivre, *verd de gris* [*v.* **merglein**].

melhuennec, *morveux.*

melin, *moulin,* [pl.] **melinieu** [**mīlin,** gall. **melin**].

meliner, *meunier,* melinerés, *meunière.*

mell, *la saoule* [balle de cuir servant à un jeu analogue au *foot-ball*].

mellat, *saouler, courir la saoule.*

[**melodi**] : guet melodi, *avec mélodie.*

melodius, *mélodieux.*

meluen, *limaçon,* [pl.] **meluét** [**melfedenn, melfet;** gall. **malwen**].

méluent *ou* **méruenn,** *mortalité* [**mervent**].

mélus, *moëlleux.*

melve, *morve* [*v.* **melhuennec**].

memoer ancoëus, *mauvaise mémoire.*

[**mén**] : mén papér, *main de papier.*

[**men,** pron. poss. 1re .pers. sing. devant muettes sonores et *g* ; cf. **me,** gall. **fyn**].

men, mene *ou* **mein,** *pierre,* pl. **méinieu;**

    méne bein *ou* **méne taill',** *pierre de taille;*

    méne gravel, *gravelle;*

    men lemmét, *pierre à aiguiser;*

    méne melin, *meule de moulin;*

    men pal, *palet;*

    méne touche, *aimant;*

    méne ra, *pierre de chaux* [*v.* **mein**].

menair, *manoir,* pl. **menairieu** [*v.* **maner**].

menal, *gerbe composée de* 4 *ou* 5 *ou* 11 *paquets;* chaque paquet se dit **fesquen** [**malan;** moyen-bret. **malazn;** le vannetais suppose une forme ancienne **manadl**].

[**menat**] : ur menat, *une pairée* [Cillart : *pairée* **menat,** mesure de Vannes et des environs pesant depuis 235 livres jusqu'à 240].

mendem, *vendange;* mis memdem, *septembre.*

mendemein, *vendanger.*

méneglas, *ardoise* [**meanglaz,** bas-vannet. **meinglaz**].

ménglé, *carriere, mine;* menglé eur, argant, *mine d'or, d'argent;* er venglé ag ur mine, *le fourneau d'une mine* [**mengleuz** (2), bas-vannet. **meingleu** = **meinglǫ**].

ménic, *pierrette,* [pl.] **ménigueu.**

menusér, *menuisier,* pl. **menuserion.**

menusereh, *menuiserie.*

merble, *meuble* [bas-vannet. **meurb**].

merblein, *meubler.*

merchat, *dizaine de chaplet.*

merche, *lineament, marque,* pl. **mercheu;** merche plom, *mareau* ou *mereau.*

merche, *marque, gage,* [pl.] **mercheu.**

---

(1) *f* = *v* français.

(2) *mein-* a été amené par étymologie populaire; gallois **mwynglawdd.**

merchein, *marquer, piquer, pointer les absens.*

merchour, *piqueur, pointeur, marqueur.*

merdeat, *marin,* pl. **merdeidi,** *marin, gens de mer* [merdéad, merdeidi, merdaidi; gall. mordwyad, pl. mordwyaid].

mergl[e]in, *roüiller* [mergla; cf. cornique **marg**].

[**merh**] : mis merh, *mois de mars*; merh el lart, *mardy gras* [meurz; bas-vannet. meurh, gall. mawrth].

merh, *fille,* [pl.] **merhét** [gall. merc'h, merc'hed].

mérhat, *apparemment, probablement* [moarvad; bas-vannet. mohat : *mohat pour morhat, merhat = m'o̦r erhat*].

[**merher** : *v.* **dimerher**].

[**merhic**] : ur verhic, *une petite fille.*

merionnene, *fourmi,* pl. **merion; merionnein,** *fourmiller*; **merionnec,** *fourmilière* [merienenn, merien, merienna; bas-vannet. meyăn; gall. pl. **myrion;** cornique (1) **mevionen**].

[**méruenn** : *v.* **méluent**].

[**més** : *v.* **mezeen**].

meseu : *v.* **diar, ermès, dianvès**].

meslein (2), *flater, loüer, applaudir* [meuli; bas-vannet. meulein; gall. moli].

meslour, *flateur, adulateur.*

mesquein, *mesler* [mesca].

[**mesur**] : hep mesur, *à outrance, sans mesure* [léon., bas-vannet. muzul, gall. mesur].

mesurage, *arpentage, mesurer.*

mesurein, *arpenter, mesurer.*

mêt, *pouce*; er met troet, *l'orteil* [léon., bas-vannet. meud; *v.* medat].

méüel, *valet,* [pl.] **méüeleu, meüelion;** ur vanden meüelion, *valetaille,* ou mieux, *une troupe de valets*; mëüel er marchaussi, *palefrenier* [mevel, pl. mevelien, mevellou, mevelli] (3).

meüier, *yvrogne* [*v.* **meaüér**].

meüereh, *yvresse.*

meurbét, *fort, très, grandement* (gueres usité aux environs de Vannes); obéïssant meurbet, *tres obéïssant.*

meurblagigueu, *bagatelles, minuties de ménage.*

meurtre, *assassinat, meurtre, homicide* [Cillart : **multr**].

meurtrein, *assassiner* [Cillart : **multrein,** léon. **muntra**].

meut, *mouton,* [pl.] **meudét;** ur pen meut, *un mouton*; **meut mor,** *mouton marin* [léon., bas-vannet. maout; pl. léon. meot; gall. mollt].

meutein, *pelauder* [maouta].

meutur, *mouture.*

mézadeu, *des champs, des campagnes* [mesiad].

mezeen, *gland,* **mezen,** *glan,* pl. **més, mez;** mezen derf, *glan de chesne* [mezen; gall. mesen].

[**mezeu** : *v.* **meseu, diar**].

miannein, *miauler* [miaoual; cf. miniaoua; bas-vannet. mignăwal].

miannereah, *miaulement.*

michér, *métier,* [pl.] **micherieu.**

micheric bihan, *petit métier.*

michodein, *meurir.*

michodét ou **michot,** *meur (pour un fruit).*

[**mier** : bihueŏ miér, *la lisiere d'un drap* [mezer].

mignon, *ami,* [pl.] **mignonnèt.**

mignonein, *caresser, cherir.*

---

(1) Il existe en gallois et en cornique une autre forme, gallois **mywionen,** cornique **mevionen,** qui a son équivalent dans des formes dialectales bretonnes.

(2) *S* ne se prononce pas et a été amené par l'orthographe française : **meslein = mêlein.**

(3) **mevel,** dérivé de la même racine que le cornique **maw,** *serviteur,* et que le breton **maoues.**

mignonez, *amie,* [pl.] **mignonezét.**

mignonnage, *caresse, mignardise.*

mil ha mil, *milliasse.*

miléne, *jaune;* miléne caer, miléne coar, *beau jaune;* bléau milene, *cheveux blonds* [*v.* **méléne**].

milliguein, *maudire* [**milliga**].

miltre, *teigne, petit ver,* [pl.] **miltrét** [cf. **mint**].

milvét, *milliéme.*

min, *mine pour faire sauter un ouvrage, grimace,* ur min, [pl.] **mineu;** gober mineu, *minauder.*

min houarh, *ris traitre* [cf. **min,** *museau; v.* **hoarh**].

minaoüet, *aleine,* [pl.] **minaouêdeu** [**menaoued, minaoued**].

minein, *faire des mines.*

mingladur, *attiedissement.*

minglein, *attiedir, tiedir;* **mingle,** *tiede* (1) [bas-vann. **migein; mig,** *tiede*].

minotten, *sentier,* pl. **minotenneu** [léon. **gwenodenn, gwenojenn,** moy.-bret. **gueznodenn;** bas-vannet. **minojenn**].

mirein *ou* **miréet,** *garder;* Doué deu mirét, *Dieu vous garde;* him virein, *se garder, s'abstenir, se deffendre* [léon., basvannet. **miret,** corn. **miras**].

mirein, *observer, prendre garde, mirer;* mirein ur goüil, *garder, solemniser une féte.*

mirene *ou* **mérene,** *collation, entre le diner et le souper,* pl. **mirenneu** [**merenn;** en bas-vannet. *repas de midi*].

mirennein *ou* **merennein,** *collationner.*

mirhuic, mirhuiguene bara, *mie de pain* [**minvigenn, minvic**].

mis, *mois,* [pl.] **misieu :**

    [**mis**] **guenvair,** *janvier;*

    — **huavrair,** *février;*

    — **merh,** *mars;*

    [**mis**] **embril,** *avril;*

    — **may,** *may;*

    — **maiéhuein,** *juin;*

    — **maiéhueinic** *ou* **gourhelein,** *juillet;*

    — **aiste,** *aoust* [**eost;** gall. **awst**].

    — **guenolonë** *ou* **santambre,** *septembre;*

    — **gouil miquél,** *octobre;*

    — **calangouyan** (2), *novembre;* [bas-vannet. **calegwäẅ**].

    — **en avéent,** *decembre* [*v.* **guénvér; huêvrér; merh; imbreil; may; méhéüin; mehuenic; gourhelin; est; guenholo; goüil**].

mitinable *ou* **mitinal,** *matinal.*

mittiniat, *matinée* [bas-vannet. **mintignac'h** = léon. **mintinvez**].

[**moel**] **:** er moel melin, *le tournant d'un moulin* [**moell-** *ou* **moull-carr,** *moyeu de roue*].

moéne, *gresle, délié, menu, mince, étroit* [**moän;** gall. **mein**].

moguédein, *fumer;* harang moguedét, *harang fumé, soret* [**mogedi**].

moguédus, *fumant, fumeux.*

moguêt, *fumée, fumet, vapeur;* moguêt en doüar, *fume terre* [**moged,** *fumée;* **mog, moug,** *feu au sens de famille;* gall. **mwg,** *fumée*].

[**moh**] **:** ur pen moh, *un cochon;* bugul moh, *porcher* [**moc'h**].

moliah *ou* **molieh,** *piaffe, grand bruit, peu de besogne* [cf. **meslein**].

monét, mónte, *aller;* mònd á been d'ur re benac, *aller au devant de quelqu'un, obvier;* mònd érauc, *prévenir, aller au devant* [**mont;** bas-vannet. **moned, mont;** gall. **myned, mynd**].

---

(1) Cf. le gallois **mwygl,** *tiéde?* la voyelle diffère et rend ce rapprochement très douteux.

(2) Mot à mot *calendes d'hiver;* calangouian, léon. **cal-ar-goäv;** signifie aussi le 1ᵉʳ novembre. De même en gallois **calangaeaf.**

montant, pl. **mantandeu,** *montants.*

montein, *monter;* montét mat, *monté à l'avantage.*

mor, *mer,* pl. **moreu;** breh mor, *golfe, bras de mer;* mor izel *ou* inzel, *marée basse;* mor bihan, *morte marée ou petite mer* [**mọr, moriou**].

moraïll, *veroüil,* [pl.] **morailleu** [**moraill** avec *l* mouillé].

morcér, *friant* [= **morsér**].

mor cousquét, *un landort, un endormi* [**morgousket**].

morhét, *cuisse,* [pl.] **divorhét** [*deux cuisses*] [**morzed, divorzed;** gall. **morddwyd**].

morhetten, *genoüilliere.*

morhoh, *marsoüin,* pl. **morohét** [**moroc'h**].

morhol, *marteau,* [pl.] **morholeu;** morhol en or, *heurtoir, marteau d'une porte* [**morzol, morzoliou;** bas-vannet. **marhọl;** gall. **myrthwl, morthwyl**].

morholein, *marteler* [**morzolia**].

morous, *morveux* [bas-vannet. **mourous**].

mortuage, *mortuaire;* ur paper mortuage, *un extrait mortuaire.*

morzeel, *museau, moufflard,* pl. **morzelleu, morzellet.**

motten, *gazon, motte à brûler,* pl. **mottat.**

motténe, *éminence, cime d'un côteau,* pl. **motenneu.**

mouchene, *mouche de chandelle de bougie, de fruit.*

mouchét, *mouchoir,* pl. **mouchêdeu.**

mouchette, *mouchette pour la chandelle,* pl. **mouchetteu.**

moüés, *femme,* pl. **mouaizét;** ur voüés brazés, saisi, *femme grosse* [**maouez :** v. **meüel**].

moüest, *humide* (d'un linge ou drap, [cf. français *moite*].

mougadur, *suffocation, oppilation.*

mouguein, *offusquer, opiler, étouffer, éteindre* [**mouga;** gall. **mygu**].

mouhein, *se refrogner, moüer* [**mouza**].

moüillage, *ancrage, moüillage, rade.*

mouliot troet, ici **morinot en troêt,** *cheville du pied.*

moustrage, *broüillart, petite pluye.*

moustrage, *écrasement.*

moustrein, *écraser, fracasser* [**moustra**].

moüyalh, *merle,* [pl.] **moulhi** [**moualc'h,** pl. **mouilc'hi;** gall. **mwyalc'h**].

mouyarenn, *meurier,* pl. **mouyarégui.**

mouyarenne, *meure (fruit),* pl. **mouyar;** mouyar brenn, *meure d'arbre;* mouyar drein. *meure de haye* [**mouarenn, mouar ;** bas-vannet. **moãl ;** gall. **mwyar**].

mouyél rot, *moyeu d'une roüe* [cf. **moel**].

mouzein, *véner, vessir* [gall. **mws,** *qui pue*].

mu *ou* **mui,** *davantage, plus;* der muīan *ou* der mihan, *au plus* [**mui, muia,** gall. **mwy, mwyaf**].

mucêll, *meuglement.*

mucellat, *meugler* [**musella**].

multrer, *homicide, meurtrier,* pl. **multrerion** [*v.* **meurtr**].

multrereah, *meurtre, homicide,* pl. **multrereaheu.**

munudein, *amenuiser, gruger, casser, hacher, broyer* [**munudi**].

munut, *menu;* boulgein munut, *fretiller;* trouhein munut, *hacher, couper menu.*

mushoarh, *un souris* [**mousc'hoarz**].

mushoarhein, *soürire* [**mousc'hoarzin**].

mussein *ou* **mussat,** *sentir, flairer* [**musa, musat**].

N

[na] : na mui na quin, na mui na bihanoh, *ny plus ny moins* [na, nag].

nahein, *nier* [léon., bas-vannet. nac'h].

nahenn, *trese* (1), [pl.] nahenneu.

[nahennein] : nahennein er bleau, *tresser les cheveux.*

nahennour, *tresseur.*

namein, *ôter* (à Sarzau), *ailleurs* lamein [*v.* lamein].

nameit ma, *sinon que, à moins que, hormis que* [nemet ma].

nanne, *faim* [naoun; bas-vannet năn, naŏn; gall. newyn].

nannec, *affamé, avide de manger* [naounec].

naoüah *ou* nĕouah, *toutefois, cependant* [= nac'hoaz; cf. gall. na chwaith].

natur, *nature*; natur humain, *nature humaine*; inclination naturell, *penchant, assendant.*

nau, *neuf* (*nombre*) [nao; bas-vannet. naẁ].

nauvét, *neuviéme*; un nauvét, *une neuvaine.*

návein (2) ervin, *grater des navets* [cf. gall. naddu, *couper, tailler, écorner* : *v.* claouein].

[né] : en né, *le semblant*; gober en né, *faire semblant, simuler, feindre* [neuz].

nean *ou* neannein, *nager* [neü, neŭv (3); moy.-bret. neuff; gall. nofio].

neannerezét, *les nageoires ou aislerons d'un poisson.*

nebet, *peu;* nebedic, *très peu;* a nebedigueu, *insensiblement, petit à petit, peu à peu* (4) [nebeud; cornique nebes = nebet].

[ned : *v.* arvar].

nèdenn, *un doit de fil, une aiguillée*, [pl.] nèdenneu [*v.* nèt].

néein, *filer* [neza; bas-vannet. nĕyein; gall. nyddu].

néein, *tordre* [même mot que le précédent : le gallois nyddu a les deux sens].

[neemp : *v.* nep].

néen *ou* nehen, pl. né *ou* neh, *lande de la tête* (5) [nézen, nez; gall. nedd].

[neerh : *v.* nerh].

neettein, neettat, *netoyer, mettre au net, affiner, approprier.*

[nege : *v.* neig].

néh, *nid*, pl. néhieu, néhiadeu [neiz, neiziou; gall. nyth].

néhiat, *nichée* [neisiat].

néhiein, néhein, *nicher* [neisia].

neig ur pichon, *le vol d'un oiseau;* ar nége, *en volant, à tire d'ailes* [nij].

neigeal, neigein *ou* négein, *voler, voltiger* [nijal; gall. neidio].

néiv, nompas, navo, naguéouann, naguesann, *non pas, non* [pour neiv, cf. guiv; navo = nabo; *v.* guéouann].

némeit ma, *sinon que, à moins que, hormis que*; voyez na [lisez nameit].

nendelec, nandelec, *Noël* [nedelec; gall. nadolyg].

---

(1) Original *tresser.*

(2) Cillart : naouein.

(3) En bas-vannetais on se sert de l'expression 'n im angęllat, *se baigner, nager*; cf. gallois angell, *aileron, bras.*

(4) On le rapproche ordinairement de paot, *beaucoup*, mais ce rapprochement est impossible au point de vue cornique (pals), ainsi qu'au point de vue breton. Pughe donne le gallois *nebawd.*

(5) Original *terre*, faute évidente : *v.* Cillart à *lente.*

nep, en neemp, *quiconque, tous ceux*
[**nęb, nęp**].

nerh, néerh, *force;* hemp nerh *ou* dinerh,
impuissant, sans force; guet nerh, *ver-
tement, vigoureusement* [**nerz**; gall.
nerth].

nerhein, *prendre force, se fortifier, ravi-
gotter, valider, rehabiliter, corroborer*
[**nerza**].

nés, *tort* [Cillart : *préjudice;* **nœss** est à
noise, comme *tesse* est à *toise*].

nessan, *prochain;* errè nessan, *les plus
proches;* er hereent nessan, *les plus
proches parens* [**nessâ, nessa;** gall.
nesaf].

nessat, *approcher.*

nèt, *du fil* [*v.* **bann nét**] [léon., bas-
vannet. **neud;** gall. **ysnoden,** *ficelle,
ruban;* cornique **noden**].

nêt, *tout net, formellement;* mê nah eu
dra zé nèt, *je nie cela franchement, formellement.*

nétra, *neant, aneantissement, rien;* lacat
de netra, *aneantir* [**netra;** bas-vannet.
nitrę, nitę].

néué, *neuf;* neu-flam, *tout neuf;* a néué,
nouvellement [**nevez;** gall. **newydd**].

néuéat, *rajeunir, renouveller.*

neuéein, *faire nouveautez* [**nevezi,** *re-
nouveler*].

nèuétêt, *nouveauté, primeur,* [pl.] **néué-
tedeu.**

neuieu, *nouveautez d'une tenuë* [Cillart :
nouveautés (somme pour avoir la baillée)
neuieu] (1).

nezé, *alors, ensuite, après* [**neuze;** bas-
vannet. **neze, nezenn**].

ni, *neveu,* pl. **niér, niét** [**niz;** moy.-
bret. **ni**].

[**ni**] : ni hun-unan, *nous mêmes, nous seuls :*
abanamb-hun-unan, *de nous mêmes* [**ni
hon hunan** (2), **ac'hanomp, hon
unan;** bas-vannet. **ni ǫn henǒn;**
anǒmb ǫn henǒn**].

nicun, *personne* [**nicunn;** moy.-bret. **ne-
gun**].

niéel, *yvroye; zizanie* (à Noyal-Pontivy).

niés, *niece,* pl. **niezét** [**nizez;** moy.-
bret. **niz;** gall. **nith**].

nignéleenn, *ligneul,* [pl.] **nignélenneu**
[**lignolen, nignolen, lignelen, ni-
gnelen,** ap. Grég. de Rostrenen].

nihour, *hier au soir, la nuit dernière*
[**neizour;** gall. **neithwyr**].

[**noblance**] : lihéreu noblance, *annoblis-
sement.*

noblat, *anoblir.*

[**noble**] : doüar noble, *franc-aleu, franc-
fief, terre noble.*

nodein, *mettre bas (pour les chiens,
cochons, chats, etc. qui font leurs petits)*
[**nodi**].

noisein, *gronder.*

noisereah, *bruit, querelle.*

nort, *nord, septentrion.*

nos, *nuit* [pl.] **nosieu;** nos du, cherre
nos, *nuit close.*

nouyein, *oindre en extrème-onction*
[**nouenni**].

nouyenn, *extrême-onction* [**nouenn** pour
ouenn : *n* est le reste de l'article].

nozeh ou **nozoh,** *nuitée, veillée, soirée*
[pl.] **nozoheu;** a nozoh, *nuitamment*
[**nosvez;** bas-vannet. **nozac'h;** gall.
noswaith].

nuah, *nud;* nuah pil, *tout nud* [**noaz;** bas-
vannet. **noęc'h;** gall. **noeth**].

---

(1) Il se pourrait qu'il y eût ici quelque chose du gallois **newid,** *échange, marché.*
(2) cf. gallois *ni ein hunan.*

O

[oberat] : dé oberat, *jour ouvrier.*

[obérour] : obérour mat, *bien-facteur,*
[pl.] **obererion vat;** drouc obérour,
mal-facteur [**mad-oberour, droug-
oberour**].

obstination, *aheurtement, obstination.*

[obstinein] : him obstinein, *s'aheurter.*

obstinét, *aheurté;* pehour obstinét, *pecheur
enducri, inveteré.*

off, offen, *une auge,* pl. **oveu.**

[offennat : v. **ovat**].

[oh, pron. possessif, 2° pers. plur., *v.* **bed**].

[oh] : un oh, *cochon,* pl. **moh;** ur peu
moh, *un cochon;* un oh goüé, *un sanglier*
[**houc'h,** *cochon mâle;* gall. **hwch,**
truie, autrefois des deux genres].

[oh, *contre : v.* **beec;** cf. **ouz, oc'h;** bas-
vannet. **doc'h;** gall. **wrth**].

ohéeh, en ohéeh, *le maître de la maison,
quand il a femme et enfans,* pl. **ohéa-
heu** [**ozac'h,** pl. **ezec'h;** bas-vannet.
oac'h, oc'h].

oignemant, *onguent.*

oignemantein, *oindre.*

oin, *agneau,* [pl.] **ain** [**oan,** pl. **ein;** gall.
oen, pl. **wyn**].

olifant, *yvoire.*

oll, *tout;* er bed oll, *tout le monde* [gall.
oll, holl].

[omp, pron. poss., 1ʳᵉ pers. pl. : *v.* **bed**].

operation, *influence, action, operation.*

operein, *influer, agir, operer.*

[on, pron. pers., 1ʳᵉ pers. pl. : *v.* **mirein**].

[on, *je suis : v.* **dihampréd, bałbéd;**
moy.-bret. **ouff;** gall. **wyf**].

or, en or, *porte, la porte.* Voyez **D** [**dor**].

orbidein, *grimacer.*

orbideu, *grimaces* [variante **ormideu**].

orbidour, orbidourés *ou* ormidour,
ormidourés, *folet, folette, grimaceux,
grimaceuse.*

ordrenein, *ordonner, ranger, agencer*
[moy.-bret. **ordrenaff**].

orglés, *orgues,* pl. **orglézeu.**

oriquel, *battant de porte, de fenêtre,
d'armoire,* pl. **doriquelleu** [**dori-
kell; oriquell = doriquell** et a été
amené par l'union avec l'article : **en no-
rikell, en orikell**].

orreur, *horreur;* quemér orreur, en devoud
orreur, *abhorrer* [moy.-bret. **orror,
orreur**].

orrible, *affreux, abominable;* ur predé-
gour orrible, *un excellent prédicateur;* en
ur guis, én ur fæçon, én ur maniere orrible, *abominablement, horriblement*
[moy.-bret. **orribl**].

[ou, pron. pers., 3ᵉ pers. sg. masc. : *v.* **béd**].

[ou, pron. pers., 3ᵉ pers. pl. : *v.* **ardran,
ardro**].

oüait, *âge,* [pl.] **ouaideu** [**oad,** pl.
oajou; gall. **oed**].

oüar *ou* **ouaréguiah,** *loisir;* ar oüarec,
oisif; arouarigueh, *oisiveté* [*v.* **goar**].

oüédét, *âgé* [**oajet**].

ouffe, *coin, détour, ance en mer.*

ouilein, *pleurer* [**gwela;** bas-vannet.
gwelein *et* **gwelo;** gall. **gwylo**].

oüilour, *pleureur.*

[out, pron. pers., 2ᵉ pers. sg. : *v.* **béd**].

outrage, *attentat, outrage* [moy.-bret.
outraige, *violent, violemment;* **ou-
tragy, outrachi,** *outrage*].

outragein, *attenter, outrager.*

[ovat] : un ovat, un offennat, *une augée,*
pl. **ovadeu** [*v.* **off**].

ovéréenn, *messe;* pl. **ovérenneu** [**ofe-
renn;** haut-corn. **ofęrn;** bas-vannet.
ovren; gall. **oferen, eferen**].

P

padein, *durer* [padout].
padus, *durable*.
paelon, *poële à frire;* ur **baëlon** *ou* pa-
ron, [pl.] **paronneu** [Cillart : **pæron**].
paillard, *lubrique, lascif, impudique,
rufflen* [moy.-bret. **pailhart, paillart**].
paillardein, *commettre des impudicitez.*
paillardiah, *lubricité, lasciveté* [moy.-
bret. **paillardiez**].
paimantour, *payeur* [moy.-bret. **pae-
manter**].
païsant, *villageois, roturier, paysan.*
paisantage, *roture.*
palat, *palettée, paëlée,* ur balat, pl. **pala-
deu** [palad, *pelletée;* gall. **pal,** *béche*].
pâle, [pl.] **paleu,** *pâles.*
paliq, *palette, petite paële,* ur baliq.
paluh, *paisseau, échalas,* ur baluh, [pl.] pa-
luheu [*v.* baleoh] [paluc'henn].
paluhat, *paisseler, mettre des échalas*
[paluc'hat].
palut, *marais salant,* [pl]. **paludeu.**
pamdé, *journellement, tous les jours*
[pemdez; gall. **peunydd**].
pamediec, *de chaque jour, quotidien*
[pemdeziec].
pan, *paon* (*oiseau*) [*cf.* patin].
panel, *panneau d'un cheval,* ur banel
[pl.] **paneleu.**
panêr, *panier, hotte* [pl.] **panerieu.**
[panérat] : ur banérat, *une hottée, une
panerée,* [pl.] **panéradeu** [panerad].
papér, *papier,* [pl.] **papérieu;** papér
pamdiec, *papier journal.*
par, *égal,* [pl.] **pareu;** hep par, *sans
second, sans égal.*
paracheüein, *achever.*

[*paraouis : *v.* baraoüis*].
parat, *apparier, frayer pour la proge-
niture.*
parchenn, [pl.] **parcheu,** *pancartes,
paperasses.*
parein *ou* parat, *ratisser* [moy.-bret. pa-
raff].
parfection, *sagesse, perfection,* pl. **par-
fectionneu.**
parfêt, *sage, parfait, accompli* [moy.-
bret. **parfet**] (1).
parforçein, *forcer, violenter.*
parlantein *ou* parlandal, *parler, par-
lementer* [parlantout, parlantat].
paronnette, *poëlon* [Cillart : **pæron-
nette** : *v.* paelon].
partable, *roturier, partable* [moy.-bret.
partabl] (2).
pasquein ur pichon, *abecher un oiseau*
[pasca; gall. **pesgi**].
passe, *toux* [pàs ; cornique **pàs;** cf.
gall. **peswch**].
passein, *passat, tousser* [pasaat].
passion, *passion, la passion de Nôtre
Seigneur.*
pastel, *lesche,* [pl.] **pastelleu** [pastell,
morceau d'habit ou de nourriture].
pasturage, *pâturage.*
patérein *ou* paterat, *patenoller* [pate-
raat].
patérenn, *patenotte,* pl. **patereu** [pa-
terenn, *grain de chapelet*].
patiantein, *patienter, tolerer, souffrir.*
patiantét, *tolerance, patience* [moy.-bret.
paciantet].
patrom, *modele, protocole* [patrom, pa-
troum, *portrait, effigie, modèle et
aussi patron d'église*].

<hr>

(1) Ce mot, comme bon nombre d'autres d'origine française, est donné par Troude
comme vannetais : il est partout en usage.
(2) En bas-vannetais a pris le sens de *sérieux, de poids.*

patte, *pattes*, pl. **patteu.**

paut, *beaucoup, abondamment, plusieurs* [**paot;** cornique **pals**] (1).

pautre, *garçon*, [pl.] **pautrét;** pautre ur heguinour, *marmiton [garçon de cuisinier]* [**paotr;** bas-vannet. **pot, petret**].

pautrés, *gardeuse de troupeaux, et en quelques endroits, une coureuse.*

pazeen, *une marche, un degré, une passée*, pl. **pazenneu.**

pé, *lorsque, si*, ou [v. **dichonge**].

peah, *paix* [**peoc'h,** bas-vannet. **petc'h = pŏc'h**].

[peb : v. **eil, perpet**].

pebéh, *quel*; pebéh joie, *quelle joye* [**pebez**].

pêc, *pois* [**pec, peg;** gall. **pyg**].

pechen, *pesche*, pl. **peche** (*fruit et le fruitier*) [v. **pesche**].

pedein, *prier* [**pedi, pidi;** moyen-bret. **pidiff;** gall. **pedi**].

pedenn, *prière*; goal beden, *imprécation.*

péeguein, *poisser* [**pega**].

péel, *loin, long-temps, lointain* [**pell;** bas-vannet. **pёl** et **pёll**] (2).

[péen : v. **pen**].

peentadur, *peinture* [moyen-bret **pentadur**].

peentein, *peindre* [**pentaff**].

peentour, *peintre.*

pégourçe, *quand?* [**pegouls**].

peguement, *combien?* Péguemeat benac ma, *quoy que, jaçoit que* [**pégament;** bas-vannet. **pigemet;** gall. **pagymmaint**].

peh, *quel*; peh livre, *quel livre* [**pez**].

péh, *piece, tour de malice, un attrapoire, un lopin, part.* pl. **pehiheu** [**pez;** gall. **peth**].

[péh] : can em séllé quer péh, *il me regardoit [si] fixement* [**piz,** bas-vannet. **pic'h**].

péhani, *qui, lequel*, pl. **péré** [**pehini, pere** : v. **hani**].

péhédic, *peccadille*, [pl.] **péhédigueu** [**pec'hedic**].

peleusét, *perclus* [Grég. de Rostrenen, *id.*].

pellenn, *peloton*, [pl.] **pellenneu.**

pemp, *cinq* [haut-vannet. **piemp** et **pīp**, bas-vannet. **pemp**].

pempét, *cinquième* [**pemved;** bas-vannet. **pempet;** gall. **pummed**].

pemzéc, *quinze* [gall. **pymtheg**].

pemzecvét, *quinzième* [**pemzecved;** gall. **pymthegfed**].

pen, péen, *tête, bout, fin*; scan a béen, *imbecille, d'esprit leger*; e péen quemetçé, *de plus, outre cela, d'abondant*; pebeile péen, *sans dessus dessous*; peen oh pen, *tête à tête, bout à bout*; pen d'er ben, *d'un bout à l'autre*; **peen bah,** *tricot* [bas-vannet. **benn-eil-penn,** *alternativement*; léon. **penbaz,** *gourdin, massue*].

[*penac : v. **benac;** gall. **pynag, bynag**].

penhér, *hameau, bout du village* [= **penn-ker**].

penigenn, *pénitence*, [pl.] **penigenneu** [léon. et bas-vannet. **pinijenn**].

[*pennadein] : hin bennadein, *se prévenir, se préoccuper* [**pennadi**].

pennadus, , 'asque, *entêté, fougueux, quinteux,* bou... *leux.*

pennat, *fantais... entêtement, préoccupation, fougue, ...nte, boutade, verve* [**pennad**].

pennec, *accariatre, bouru, têtu, fantasque, entêté.*

[pep] : pep tri blé, *triennal, tous les trois ans.*

pèrage, *pâturage* [v. **pêrein**].

pèrann, ur pérann, *un quart* [gall. **pedry-rann**].

---

(1) Voir **nebét; s** cornique = **t.**

(2) **pёl,** quand on appuie sur le mot; s'emploie aussi de préférence quand il s'agit du temps.

perchein er gouil, *percher la voile.*

perchenn, *perche,* [pl.] **perchat.**

perdec, *sermon,* pl. **perdegueu** [*v.* **pre-deguein**].

perderage dur gouli, *pensement d'une playe* (1).

perderein ur gouli, *penser une playe* [**prederia,** *soigner*].

perderi, *inquietude, crainte, sollicitude* [**prederi;** gall. **pryderi;** bas-vannet. **predi**].

pêrein, *pâturer, paitre (pour les animaux)* [**peuri;** bas-vannet. **peurein;** gall. **pori**].

perheindet, *pelerinage,* pl. **perhin-dedeu** [**pirc'hirinded**].

perhindour, *pelerin,* [pl.] **perhinde-rion** [cf. **pirc'hirin;** gall. **pererin**].

perhueh, peh, *ladre, vilain, mesquin, menager* [**pervez;** moy.-bret. **perfez,** *parfait;* gall. **perffaith**].

permedi, *prémice,* pl. **permedieu** [**pre-veudi, previdi**].

pernein, *acheter* [**prena,** bas-vannet. **prenein;** gall. **prynu**].

perpét, *toûjours* [**bepret;** bas-vannet. **berpet**].

[**person :** *v.* **dreindét**].

pesche abret, pesche quentrat, *avant pesche* [*pêches hâtives*].

pesquatour *ou* **pesquetaour,** *pescheur* [**pesketaer**].

pesque, *poisson,* pl. **pesquêt** [**pesc, pesket;** gall. **pysg,** pl. **pysgod**].

pesquereh, *la pesche ou pescherie.*

pesqueta, *pescher* [gallois **pysgota**].

pet, *combien* [léon., bas-vannet. **pĕd**].

pétra, *quoy* [bas-vannet. **petre, petę;** **petra = peztra**].

pétra benac, *quoy que.*

petvét, *quantième* (2) [**petved, ped-ved**].

peüar, *quatre (pour le masculin),* **pedair** *(pour le féminin);* peüar cornec, *quadrangulaire;* peüar aüeit unon, *quadruple* [*quatre pour un*]; peüar-uiguent, *quatre-vingt;* peüarvet, peüarzec-vét, *quatrième, quatorzième;* er beüar-üiguent vét, *le quatre-vingtiéme* [**pevar;** bas-vannet. **poar;** haut-corn. **pęor;** gall. **pedwar**].

peucein, *pousser, se dit d'une bête à corne :* un ijon a beuce, *un bœuf qui court sur quelqu'un pour le blesser de ses cornes.*

[**peucét** :] guin peucét, *vin poussé, gras;* ur marh peucét, *un cheval poussif* [**pouss**].

peudre, *poudre* [**poultr;** bas-vannet. **paot**] (3).

peudrein, *poudrer.*

peudrennic, *petite poúdre, fétu,* [pl.] **peudrennigueu** [**poultrennic**].

peudrér, *poudrier.*

peuplét, *peuplé;* ur oarem peuplét mat, *une garenne vive* [*v.* **poble**].

peuranté, *pauvreté* [**paourĕntez**].

peurat, *appauvrir* [**paouraat**].

peure, *pauvre,* pl. **peurerion** [**paour, peorien;** bas-vannet. **paor, ņor**].

pibre, pibrein, *poivre, poivrer* [**pębr;** bas-vannet. **pĕb**].

pic, *pie (oiseau),* ur bic, pl. **piquet.**

piceliein, piceliat, *d'abonner* [**pĕselia,** bas-vannet. **peseyat**].

picelle, *d'abons,* [pl.] **picelieu** [**pĕsel**].

pichon, *oiseau, poulet,* [pl.] **pichonnét.**

pier, *quand ?* [bas-vannet. *id.;* cf. **pe eur, peur**].

pign, é pign, *en pendant.*

pignein, pignal, *gravir, monter, grimper, pancher* [**pignat**].

pigossein *ou* **piguossat,** *picoter* [**pigossa**].

---

(1) Le français *panser* est identique, dans l'origine, au français *penser.*
(2) Dans l'original, écrit en deux mots.
(3) *Poudre* (explosif).

piguel, *pioche, piguelle*, pl. **piguelleu** [bas-vannet. **pigell**].

piguelein, *piocher, pigueller*.

pihuic, *riche* [**pinvidic**, bas-vannet. **pinwic**; cf. gall. **pendefig**].

pihuidiguah, *richesse* [**pinvidigez**].

pihuiquat, *devenir riche* [**pinvidicaat**, bas-vannet. **pinwicat**].

pilein, pilat, *frapper, battre* [léon., bas-vannet. **pilat**].

pilier pleguét, *colonne torse* [cf. **pleguein**].

pill, *abondance, en abondance*.

pillage, *picorée, pillage*.

pillal, *fourrager, ravager, piller* [moy.-bret. **pillaff**].

pillanté, *foison, abondance*.

pillenn, *pillot, guenillon, haillon* [pl.] **pilleu** [**pillenn, pillou**, avec *ll* mouillé].

pillottec, *guenilloux* [cf. moy.-bret. **pillotaff**, *découper robes*].

pillour, *picoreur, pillard*.

pimpe, *pipe;* ur bimpe, ë fimpe, hou pimpe, é bimpe, hë bimpe [*une pipe, sa pipe à elle, votre pipe, sa pipe à lui, la pipe*].

pinceliage, *raccommodage, r'habillage, ravaudage* [v. **piceliein**].

pinceliat, *raccommoder, r'habiller, ravauder*.

piquadur, *piqueure*.

piquein, *piquer* [**picat**].

piquol, *grand* [**picol**].

piquour mein, *piqueur de pierre*.

[**pir**] : pir goudasque, *poires sauvages* [**per**].

pireen, *poirier*, [pl.] **piregui**.

pireen, *poire*, pl. **pir** [**perenn**].

pisen, ur bisen, pl. **pis**, *des pois;* pis ram, *haricot* [*pois à rame*] [**pizenn, piz**; bas-vannet. **pez**; gall. **pys**].

pladein, *applatir* [**plada**].

planchein un ti, *plancheyer*.

planchenn, *erette de jardin*, [pl.] **planchenneu**.

plancherisse, *plancher*.

planquen, ur planqueu, *planche*, pl. **planquét** [**plänken**, pl. **plënc** *et* **plëch**].

plantein, *arborer, planter*.

plantour, *planteur*.

plariq, *doucement, sans bruit*.

plat, *plat* (adj.); chommed é a blat, *il est demeuré plat*.

plat, *plat*, pl. **pladeu** [**plad, plajon**].

pleg, *plis*, pl. **plégeu**; plegueu, *des plis, des sinuosités* [v. **pleguenn**].

pleguein, *plier, s'affaisser, fléchir;* him bleguein, *se ratatiner;* pleguein édan er boes, *succomber;* pleguein er bain, *se vouter* [v. **pilier**] [**plega**; gallois **plygu**].

[**plehenn**, *haye de bois entrelassez;* cf. **plez**, gall. **pleth**, *tresse de cheveux*]..

plénat, *applanir*.

pléne, *uni, applani, ras*.

pletrin, *grand coffre où l'on paitrit*, pl. **pleitrinieu**.

pligeadur, *plaisir;* a bligeadur, *à gogo* [**plijadur**].

pligein, *plaire* [léon., bas-vannet. **plijout**].

plom, *du plomb;* plom, a biom, *à plomb, perpendiculairement*.

plom, *perpendiculaire*.

plomen, *pompe à donner de l'eau* [**ploumenn, plomenn**].

plottec, *qui est en grumeaux;* yout plottec, *de la bouillie en grumeaux* [cf. **pouloudenn, poulout; polodenn**, *grumeau*].

ploumein, *plomber* [**ploumma**].

ploumen, *pompe qui donne de l'eau*, ur bloumen [v. **plomen**].

plous, *paille;* ur blousen, *une paille;* en toul plous, *la ruelle du lit*.

plousec, *pailler*.

[**plu** : v. **plumenn**].

[**pluen** : v. **plumenn**].

plugein, *plonger* [**plüja**].

plujour, *plongeur*, pl. **plujerion**.

plumenn ou **pluen**, *plume*, pl. **plu**; sehein, dilardein plu, *hollander des* *plumes* [**pluenn** (1), **plu, plü**; bas-vannet. **pleuenn, pleu, plö**; gall. **plufen, pluf**].

plusquen *ou* **pluchen,** *pelure, pellicule,* pl. **pluscat** [**pluskenn, plusc**; gall. **plisgyn, plisg**].

pobein *ou* **pobat,** *cuire du pain, des pommes, des navets,* etc. [moy.-bret. **pibi, poba**; gall. **pobi**].

pobér, *boulanger* [*v.* **baraer**].

poble, *peuple*; poble munut, *petit peuple* [léon., bas-vannet. **pobl**; gall. **pobl**].

pochard, *sac à vin.*

[**pod** : *v.* **pot**].

podat, *une pottée.*

podér *ou* **podour,** *potier,* pl. **poderion** [**poder**].

podereh, *poterie.*

poeh, *ardent, brûlant*; tan poeh, *feu ardent* [**poaz**; gall. **poeth**].

poehein, *cuire, griller*; him hoehein, *se griller* [**poaza**].

poehét, *brûlé* [**poazet**].

poeue, *peine, affliction*; gober poën, *faire peine*; lacat poen, *prendre peine* [**poän**; gall. **poen**].

poenïein, *faire de la peine, chagriner, affliger, attrister, inquieter, travailler, prendre peine* [**poania**].

poenius, *pénible, incommode* [**poanius**; bas-vannet. **pwegnus**].

poent, *point, article,* pl. **poenteu**; poent a véruél, *abois, agonie*; éma è veruél, *il est à l'agonie.*

poenteel, *panneau d'un cheval.* ur bointeel, pl. **poentelleu.**

poentein er hannon, *braquer, affuster, pointer le canon.*

[**poés**] : doüar é poés, *terre en friche, inculte* [**paouez**; gall. **powys**].

poèzein, *s'arrêter, demeurer*; poeste azé, *demeurez là* [**paoueza**].

poignardein, *poignarder* (à Aradon).

poignart, *poignard.*

polé, *poulie,* pl. **poléeu** [**pole, poleou**].

polés, *poulette, qui ne pond pas encore,* pl. **pelaizi.**

pommelen en dibre, *pommeau de selle* [**poum ellen**].

[**pommét** : *v.* **caulé**].

ponér, *pesant, grave, lourd* [**ponner, poner**; bas-vannet. **poner**].

ponèrdèt, *lassitude, pesanteur.*

ponnérat, *appesantir* [**ponneraat, poneraat**].

pont guintér, *ici* guinderisse, *pont-levis* [*v.* **guinter**].

porh, *grande porte,* pl. **perhér** [**porz, perzier, persier**; gall. **porth**].

porh mor, *un port de mer, un quay* [**porz mor**].

[**porhél**] : ur porhél, *un goret,* pl. **perhél** [**porc'hell**; bas-vannet. **porhiell**; gall. **porchell,** pl. **perchyll**].

porhellic leah, *cochon de lait.*

porhenn, *mèche.* pl. **porhat** [**poul-c'henn**; bas-vannet. **pourhienn,** pl. **pourhiat**].

porhér, *guichetier, portier* [**porzer**; gall. **porthawr**].

portéour, *portefaix, blatier,* pl. **portizion.**

pos en dourn, *la paume de la main* [peut être pour **bos,** *creux de la main,* irl. **boss**].

posë ur gannenë, *couplet de chanson* [= **poz,** du français *pause*].

position, *possession,* pl. **positionneu** [cf. moy.-bret. **possession,** *possession*].

positionnein, *prendre possession.*

post, *pilier, quenouille de lit,* etc., pl. **posteu** [gall. **post,** pl. **pyst**].

pot, *pot,* [pl.] **podeu**; pot fetan, pot deure, *cuvette, fontaine à laver les mains* [bas-vannet. **potaor** = **pot daor**]; pot mê *pot de grais*; pod hoarn, *pot de fer,*

(1) **plu, plù** viennent du latin *pluma* (moyen-bret. **pluv, pluff**); *plumenn* est formé sur le français *plume.*

marmite; pot güin aigre, *vinaigrier;* pot cambre, *pol de chambre;* du pot, *tout noir.*

potiron, *champignon,* [pl.] **potironnét.**

pouis, *poids, fardeau;* pl. **pouiseu** [poẹz; gall. **pwys**].

pouisein, *peser* [**poẹza ; pwyso**].

poul deure, *une marre d'eau, racine* [**poull dour;** gall. **pwll**].

poul er galon, *la gorge, le sein d'une femme, la poitrine.*

poulpri, *pourpri,* pl. **poulprieu** [**poull-pri**].

pourçéein *ou* **pourçé,** *chercher* [*v.* **bourcè**].

[pourprét] : terhian pourprét, *fiévre pour-prée.*

pourvéein, *pourvoir, fournir;* pourvéein ul lestre, *eqüipper un vaisseau de toutes choses* [moy.-bret. **pourveaff**].

pourvéour, *pourvoyeur,* pl. **pourvérion**

pranuedigueu, *insectes, petits vers* [*v.* **prean**].

pratel, *pâti, issuë d'une maison, pelouse, verdure,* pl. **pratelegui** [cf. **pravell,** *tonnelle de jardin*].

prean, *ver, insecte,* [pl.] **preannét;** prean léguerne, *ver luisant* [**prёv, prẹv; preô,** pl. **prёved;** bas-vaunet. **prẹwet;** gall. **pryf, pryfed**].

preannic, *vermisseau, insecte* [**prёwic**].

predéguein *ou* **préguein,** *prescher* [**prezeg;** bas-vannet. **predec;** haut-corn. **preg,** *parler : v.* **perdec**].

predein, *prendre la refection.*

[predér] : hep predér, *à l'improviste;* hemp na berdercenn, *sans que j'y pensasse* [preder : *v.* **perderein**].

prenein, *acheter* [*v.* **pernein**].

prenn, *achat,* pl. **prenneu.**

[prenn : *v.* **garhpren**].

prénour, *acheteur.*

présante, *tout à l'heure, incontinent, à l'instant.*

preste, *tôt, vite;* prestoh, *plûtôt.*

preste, *prest* [*prét*], pl. **presteu.**

prestein, *prêter.*

prét, *refection, repas,* [pl.] **prèdeu** [gall. **pryd**].

pri, *argile, mortier* [**pri;** gall. **pridd**].

prièdereh, *mariage, hymen* [**prie-delez :** *v.* **priėt**].

prielec, priec, *argilleux;* doüar prielec, *terre argileuse;* un hent priellec, *chemin pâteux.*

priėt, *mari, femme,* [pl.] **priedeu** [**pried, priejou;** gall. **priawd**].

prihuedét, *rempli de vers, et vermoulu, si c'est du bois* [*v.* **priuét**].

prim, *vif, actif, expeditif.*

prisein, *apprecier, estimer.*

priuét, *vers qui s'engendrent de corruption* [*v.* **prean**].

priuoïs, *latrine, privé, garde-robe* [cf. **privezou,** *latrines*].

proff, *offrande, oblation,* pl. **proveu** [**prof, prov;** bas-vannet. **prọf**].

pront, *vif, actif, vite, prompt.*

propat, *nettoyer.*

prope, *propre.*

proportion, *proportion;* e proportion, *à l'équipolent, à mesure.*

propre, *beau, joly, joliet, poupin, proprement.*

provein, *aller à l'offrande* [*v.* **proff**].

punce, *puits,* pl. **punceu** [**pũs**].

purat, *nettoyer, affiner, purifier.*

Q

quai, *repentir, regret,* ur hai [**keuz,** bas-vannet. **keu, kö;** gall. **cawdd**].

quarantaine, *comme en françois, pour les pestiferez.*

queah, *pauvre;* dén queah, peure queah, *pauvre homme;* queah deine quiah, *ah le pauvre homme;* me heah, *mon cher* [**keaz, kez;** bas-vannet. **kẹc'h,** avec *k* palatal; gall. **caeth,** *esclave*].

quéff, *tronc d'église,* ici se dit comme en

françois, [pl.] **quéffeu** *ou* **guiffr**, [pl.] **guiffreu** [léon., bas-vannet. **keff** : *v.* **guifre**; gall. **cyff**].

queguéliat, *une poupée de lin, chanvre, et quenoüillée* [**kegeliad, kegiliad**].

queguil, *quenoüille*, ur gueguil, pl. **queguilieu** [**kegil, kegel**; bas-vannet. **kigel**; gall. **cogail**].

queguin, *cuisine*, pl. **queguinieu** [**kegin**; bas-vannet. **kigin**; gall. **cegin**].

queguinein, *cuisiner* [**kegina**].

queguinour, *cuisinier*, pl. **queguinerion** [**keginer**; bas-vannet. **kiginour**].

queigein, *mêler*; treu queigét, *alliage, mélange* [bas-vannet. **keïjein**].

queigereah; *mélange*, pl. **queigereaheu.**

quein, er hein, *le dos*; pleguein, er hein, *se vouter*; quein oh quein, *dos à dos*; quein er gar, *l'os de la jambe* [*v.* **garre**] [**kein**; bas-vannet. **kign**; gall. **cefn**].

[**quel** : bihuë quel, *tout vif*; **kel** peut être rapproché de **kellid**, *germe*, d'après M. Ernault, *Mém. Société de linguistique*, VIII, p. 117].

[**quelein** : *v.* **colin**].

quelen, *admonition, correction, reprimende, instruction, mercuriale, vesperie* [**kelenn**].

quelen, *du houx* [*v.* **coet**; kelenn; gall. **celyn**].

quelennec, *une houssaye* [**kelennec**].

quelennein, *reprimender. vesperiser, s'indiquer, admonester, corriger* [**kelenna**].

quelionen, *mouche*, pl. **quelion** [**kelienenn, kelien**; bas-vannet. **keyãn**; gall. **cylionen, cylion**].

[**quelvéyon** : *v.* **calvé**].

quemênein, *mander* [**kemenn**; gall. **cymmyn**].

quemenér, queminér, *tailleur d'habits*, pl. **queminerion** [**kemener, kemenerien**; gall. **cymmynwr**, *tailleur de toute espèce de choses*].

quemenerés, *tailleuse*, [pl.] **quemenerézet** [**kemenerez**].

quement, *autant, tant*; quement, ha quer crean, *tant, et si fort*; quementçé, quement aral(1), *tout autant*; quement mat(2), *tout ce que* [**kement**; bas-vannet. **kemet, kemet-rell**; **kemet mann**, *autant que ceci*; gall. **cymmaint**].

[**quemer**] : ur hemér, *une prise, une capture* [*v.* **quemérein**].

quemerein [**quemer**], *prendre, recevoir, accepter*; quemér de vap, *adopter* [**kemeret**; bas-vannet. **kemer**; gall. **cymmeryd**].

quemérour, *preneur*, ur hemérour.

quen, devant une voyelle ou **quer** devant une consonne : *tellement, tant, si fort* [**ken, ker**; bas-vannet. toujours **kenn**].

quen, avec une négation : *rien davantage*; ne mès quen, *je n'en ai pas davantage*; quen ol, nemeit, *rien du tout que* [**ken**; bas-vannet. **kën**].

quenavé, *sans cela, n'étoit cela* [= ken na ve; cf. bas-vannet. **kenewit, penewit**; cf. **paneved, paneve**].

[**quenderhui** : *v.* **canderhuë**].

quênet, *toutes sortes de bois que bonnes gens ramassent pour faire du feu* [**keuneud**; gall. **cynnud**].

quénét *ou* **quinét**, *appas, beauté* [**kened**; gall. **cain, beau**].

quenetta (3), *ramasser du bois* [**keuneuta**; gall. **cynnuta**].

quenettaour, quenettaourés, *ramasseur, ramasseuse de bois*, pl. **quenettarion** [**keuneutaer**; gall. **cynnutai**].

quenéüen, *noix*, pl. **queneu**; **quenéüen**

---

(1) *Autant d'autre.*
(2) Probablement *quement ma.*
(3) Original **kenella** : faute d'impression évidente. Cillart : **quenætta.**

gal, *noix de galle* [bas-vannet. **cana-wenn, canaw; craouenn, craõ;** moyen-bret. **knouenn;** gall. **cnau**].

queneüen, *noyer*.

queniguein, *offrir* [**kinnig,** bas-vannet. **canit;** gall. **cynnyg**].

quenilein (1), *fourgonner le feu*.

quent, *avant, auparavant;* quent dorn', *avant main* [gall. **cynt**].

[quentagoudé] : quentagoudé ma, *puisque;* el quentagoudé, *comme auparavant* [= **kent,** *avant;* **ha,** *et;* **goude,** *après*].

[quentan] : de quentan, *ici* de guetan, *premierement* [**kenta, kentã;** bas-vannet. **ketaõ,** avec accent sur *a*].

quenteh ma, *d'abord que, aussi tôt que* [**kentiz ma;** bas-vannet. **kentic'h**].

quentél, *leçon, instruction,* [pl.] **quen-télieu** [**kentel, kenteliou**].

[quentel : *v.* **contel**].

quentoh, *plûtôt* [**kentoc'h**].

quentrat, *précoce;* ur huen quentrat, *un précocier* [*un arbre précoce*] [**kentrad**].

quêr, *ville, village, maison;* quêr varhat, *ville* [*ville à marché*] [**kear;** moyen-bret. **caer;** gall. **caer**].

[querent] : querent dré oet, dré ligné, *parens par consanguinité;* querent dré alliance, *alliez;* querent erré ressan, *les plus proches parens* [**kerent;** gall. **ceraint**].

querentage, *parentelle, parenté*.

querh, *avoine,* er herh [**kerc'h;** gall. **ceirch**].

querhec, *champ d'avoine,* [pl.] **querhe-gui**.

querhein *ou* querhét, *marcher* bas-vannet., léon. **kerzet;** gall. **cerdded**].

querhenn, *un grain d'avoine*.

[querhenn] : henah çou ur guerhenn! *voilà un beau compte!* larein querhenneu, *tirer des chiffres, en donner à garaer, plaisanter* [*v.* **cairhen,** *conte fait pour rire;* cf. gall. **cerdd,** *art, poésie, musique;* **kerhen** est arrivé à un sens analogue au mot français *chanson*].

quêric, *villotte* [**keric**].

[quern : *v.* **corn**].

querne, *corne* (2), [pl.] **querneu** [**kern,** *sommet de la tête;* gall. **cern**].

[querrec : *v.* **carrec;** gall. **cerryg**].

[quésec : *v.* **casec;** gall. **cesyg,** *juments*].

[questat : *v.* **costé**].

quésténen *ou* quisténnen, *châtaigne, maron, châtaigner, maronnier* [**kistinen, kistin**].

question, *querelle, dispute, grabuge*.

questionnus, *querelleur*.

quet, *rien;* cassë de quet, *conduire à rien* : [*v.* **cassë;** **ket** a pris le sens négatif comme *pas* et *point*].

quétan, *premier;* er hétan, er gueitan, *le premier, la premiere* [*v.* **quentan**].

quétiquétan, *à qui sera le premier*.

quéüat, *creuser, approfondir, foüir* [**kevia;** gall. **ceuo**].

queule, *présure* [*v.* **caoület**].

quevél, *nouvelle,* quevéleu [**kelou;** moy.-bret. **quehezl;** gall. **cychwedl**].

quevér, *journal de terre,* pl. **quevé-rieu** [gall. **cyfair**].

quevér, *égard, endroit, envers;* em hevér, *à mon endroit, à mon égard;* en e quevér, *en ton endroit;* en ur heuér, *en nôtre endroit;* en ou quevér, *en vôtre endroit;* en ou hevér, *en leur endroit* [**këver;** gall. **cyfair, cyfer**].

quevérdu, *décembre,* ici **en avéent** [**kerzu**] (3).

---

(1) Le seul mot qui paraisse s'en rapprocher est le gallois **cynnilo,** *arranger, manier avec habileté, économiser, épargner*.

(2) *Corne* est mis ici par erreur; il faut dire *couronne* (de la tête), *tonsure;* cf. Cillart au mot *couronne*.

(3) A décomposer peut-être, comme l'a supposé M. Ernault, en **kever-zu,** *kever* étant rapproché du gallois **cyfr-,** *tout à fait*.

qui, *chien*, ur hi, pl. **chasse; qui deure**, *loutre*, pl. **chass' deure** [ki, chass, dour-gi; moyen-bret. **qui, con, chacc;** gall. **ci**, *pl.* **cwn**].

quibeel er fetan, *reservoir, piscine* [**ki-bell**].

quic, *chair, viande*, er hic; quic en dent, *gensive* [**kic, kig; kic-dent;** gall. **cig**].

quiés, *chienne*, pl. **quiesét**.

quignein *ou* **quignat**, *écorcher* [**ki-gnat;** cf. **quenn**, *peau*].

quignéne, *ail;* ur péen quignéne, un ivin quignéne, *une gousse d'ail* [**kignenn;** gall. **cennin**].

[**quihér** : *v.* **cah**].

[**quil** = **kil** : *v.* **aguile, arguilein**].

quil dant, *dent macheliere*, ur bil dant [**kil-dant**].

quin, *rien davantage, pas davantage* [cf. **quen**].

[**quiri** : *v.* **carr**].

quivini, *mousse. de la mousse d'arbres, de murailles* [**kĭvi, kivni, kifni**].

quiviniét (1), *moussu;* face quiviniét, *se dit des solitaires en style oratoire, pour exprimer la mortification la plus affreuse, peinte sur le visage.*

quizét, *émoussé* [**kizet**].

R

rabin, *allée, avenuë.*

raccé, *ainsi, partant* [= **rac sé**].

rachous, *querelleur.*

radénec, *champ plein de fougere.*

radénéen, *fougere,* pl. **radéne** [**raden;** gall. **rhedyn**].

raguér, *pâti, pratéau. l'issuë d'une maison ou d'un village* (2) [= **rac ker, rac caer**].

rah, *rai de fusil (et autres armes),* pl. **raheu.**

rah, *rat,* pl. **rahét** [**raz, razed**].

rahein, *racler. raser. ratisser, ratter* [moyen-bret. **raza;** gall. **rhathu**].

rahour, *barbier.*

rai [**re**], *trop;* re veerre, *trop court* [léon., bas-vannet. **rę;** gall. **rhy**].

ran, *grenoüille,* pl. **rannet;** poul rannét, *grenoüillere* [bas-vannet., léon. **rān**].

[**ranc** : *v.* **renc**].

rancu, *animosité* [moyen-bret. **rancun,** *dégoût,* ap. Ernault, *Mém. Soc. ling.,* VIII, 119].

randon, *fierté, arrogance;* randon a zouc en deine zé, *cet homme passe avec bien de l'arrogance.*

ranein, *partager, diviser* [**ranna;** gall. **rhannu**].

rangein, *ranger, arranger.*

ratoüére, *une attrapoire, une ratiere.*

[**rauque** : *v.* **inrauque**].

rayenn (3), *rayon d'une rouë,* pl. **rayat.**

ré, *une paire;* ur ré botteu, *une paire de souliers* [**re**].

[**ré** : ur ré bénac, *quelques-uns* [**rę,** gall. **rhai** (4) : *v.* **benac**].

réal, *autres* [= **ré all**].

reaoüein *ou* **reüein**, *geler* [**revi;** gall. **rhewi**].

---

(1) Original **quiviuiét.**

(2) Original *ragnér;* Cillart (au mot *issuë*) : **raquérr, repaere; pennhaerr.**

(3) Original **royenn;** Cillart : *rayœn-rott.* La place de *royenn* après *ratoüére* ne laisse pas de doute sur la lecture véritable.

(4) Le breton semble avoir confondu en *ré* deux mots que le gallois distingue et qui sont d'origine différente : **rhai** (*ré*) et **ryw** qui serait, en breton, *reo.* Il semble qu'on trouve dans le trégorrois **reoall** pour **re-all.**

réau, *gelée* [**reo, rev;** bas-vannet. **rĕw̌**].
rebond, *réflechissement ou réflexion d'un corps solide.*
reçeüein, reçeu, *prendre, recevoir, accepter* [moyen-bret. **receu;** bas-vannet. **resąw**].
reclom, *retour de vent.*
recour, *recouvrement.*
[**red|** : red eu, remad eu, *il faut, il faut bien* [**remad = red mad;** gall. **rhaid**].
refusein *ou* **refus,** *refuser* [bas-vannet. **rewis**].
registre, *cedule, obligation, registre.*
regrét, *soulevement de cœur, regret*
[**reih**] : reih distillet, *net, clair;* coms reih, *articuler, bien parler, mot correct;* comzein *ou* cons reih, *articuler, posseder sa langue* [**reiz;** bas-vannet. **rec'h;** gall. **rhaith**].
reihtêt *ou* **reihdêt,** *accord, droiture;* lacait ur reihtêt étré dai, *mettez les d'accord.*
[**rein** : *v.* **drét**].
remad é, red eu, *il faut bien, il faut* [*v.* **red**].
remèt, *traitement, remedes,* pl. **remédeu.**
remuein, *bouger, être en mouvement, remuer;* bim remuein, *s'agiter.*
renc *ici* **ranc,** *rang,* pl. **rangeu;** plantein à reng, *alligner.*
renéein, *renier.*
renégat, *apostat, renegat.*
renguein, *arranger* [**rĕnca**].
renonçi *ou* **renonciein,** *renoncer, abjurer;* renonci a volanté, hep contraign, *abdication, renonciation volontaire;* renonci der fé, *apostasie;* renonciein *ou* renonci a volanté, *abdiquer, abjurer* [moyen-bret. **renonciaff**].
[**rescond** : me rescond, *je répond* : *v.* **glœstre** [bas-vannet. **respont,** *répondre*].
[**reselvét** : *v.* **cas**].
resoluein, *arrêter, resoudre.*
resson, *retentissement, raisonnement.*

restadeu, restageu, resteu, *restes, arrerages.*
retrette ur gounifl', ur luern', *terrier d'un lapin, d'un renard.*
rettein, *roidir* [**reudi**].
reüet, *enroüé, enrhumé* [**raoulet;** bas-vannet. **raouet**].
[**reveu**] : ur reveu, *montre de soldats, revüe.*
ribaut, *paillard.*
rideec, *courir, couler, fluer* [léon., bas-vannet. **redec;** gall. **rhedeg**].
rideen, *ride,* pl. **ridat.**
ridêl, *un sas,* [pl.] **ridelleu** [**ridell;** gall. **rhidyll**].
ridellat blèt, *sasser de la farine.*
ridennein *ou* **rideennat,** *rider.*
ridour, *coureur, vagabond* [**reder**].
rinsadur, *rinsure.*
rinsein, *rinser.*
riolen, *orniere, ruisseau.*
riscladur, *glissure.*
risclein, *glisser* [**riscla**].
risclus, *glissant.*
rit, *source;* én ur rit, *en un instant, vitement* [**red;** gall. **rhyd**].
river, *riviere, fleuve,* pl. **riverieu;** rivér Bourdel, *la riviere de Bourdaux.*
rivlenë, *reigle de manœuvrier* [**reolenn**].
ro, *vœu,* [pl. **roieu**].
roc, *fier, hautain, suffisant, altier, arrogant.*
rochet, *chemise à homme,* [pl.] **rochêdeu.**
rodic, *rod bihan, roulette.*
roèdenn loïe, *retine de veau* [cf. **roued** al lagad, *rétine de l'œil,* ap. du Rusquec, *Dict. français-breton*].
roh, *rocher,* pl. **roheu, rêhér** [**roc'h, rec'hier, reier**].
rohane, *ampan,* pl. **rohanneu** [**raouann, raouenn;** gall. **rhychwant**].
rohquen, *ralle* [**ronkell,** *râle d'un mourant*].
rohquennein *ou* **rohquennat,** *raller* [cf. **roc'hal,** *ronfler,* et **ronkellat,** *râler;* gall. **rhwncio**].

roign, *galle.*
roléau, *padou.*
rondissal, *arrondir.*
ront, *rond.*
rontenn (1), *ondulation, route,* pl. **rontenneu.**
rot, *roüe,* [pl.] **rodeu** [rod; gall. **rhod**].
roüan, *rame,* [pl.] **roüanneu** [roëv, roev; gall. **rhwyf**].
roüannein ou **rouanat,** *ramer, gascher* [roëvia, roevia].
rouannés, *reine,* pl. **rouannézét.**
roüannour, *rameur* [roëvier, roevier].
rouanteleh, *royaume* [rouantelez].
roüé, *roy,* pl. **roüéét.**
rouell, *la rougeolle,* er rouell [ruzel; bas-vannet. **ruel**; gall. **rhuddell**].
roüét, *filet, nasse,* [pl.] **rouédeu** [roued, rouejou; gall. **rhwyd**].
rouguein ou **ronguein,** *déchirer* [regi; participe **roget**; **reugi**; bas-vannet. **rogein**; moyen-bret. **roegaff**; gall. **rhwygo**].

rouguereh, *déchirure.*
route, *piste,* pl. **routeu** (2).
[royal : *v.* **cas**].
ru, *rouge*; liü ar er ru', *alezan* [*couleur sur le rouge*] [ruz; gall. **rhudd**].
[ru], ruë, *ruë*; pl. **rüïeu**; ru trez, *ruë traversine* [*v.* **trez**].
ruadur, *rougeur* [ruzadur].
rumble ër mor, *ce qui fait connoître jusqu'où la mer a monté, ou l'endroit que la mer à mouillé, ou le bord de la mer* [Cillart : **rible, rumble**; léon. **ribl**].
rusquen gureine, *ruche d'abeilles* [ruskenn; bas-vannet. **rušenn**; gall. **rhisgyn**].
rusquennat, *une ruchée.*
ruste, *aspre, escarpé, roide, rude, austere, mal-honnête, indocile, intraitable*; min ruste, *hagerd.*
rustonni, *mal-honnêteté, indocilité, rusticité* [rustoni].

S (3)

[sablec] : ur sablec, *une côte de sable, un sable*; chom ér sablec, *échoüer, rester dans le sable.*
sablenn, *sable,* pl. **sable.**
sablér, *gezier.*
saçun, *la saison de semer* [cf. **sasun,** *bien apprété*; moyen-bret. **saczun,** *certes, entierement*].
sadorn, *samedy* [sadourn, sadorn; bas-vannet. **sedorn**; gall. **sadwrn**).
safar, *grand bruit, charivari, sabat, vacarme*; gobe**r** safar, *tempêter, etc.*

[moyen-bret. **safar**; en certains endroits de Cornouaille, **safarat, savarat** a le sens de *parler*].
sah, *poche,* pl. **saheu** ou **sihér** [sac'h, seier; gall. **sac'h**].
[sahat] : ur sahat, *une pochée, une sachée.*
[sahic] : ur sahic, *un sachet.*
saill, *bond, bondissement, saut, rejaillissement, tressaillement,* [pl.] **sailleu** [saill, avec *l* mouillé].
saillou (4), **saillein,** *sauter* [sailla avec *ll* mouillé].

(1) Original *rontunn.*
(2) Original *ronteu.*
(3) En bas-vannetais, *s* initial, suivi de voyelle, se prononce *z*; suivi de *t*, il se prononce *ch* (*š*); *sku-* devient *chu.*
(4) On pourrait croire à une erreur d'impression, si on n'avait plus bas *salein* et *salou.* Ces infinitifs en *ou* doivent être identifiés avec les infinitifs en -*o* en usage en Haute-Cornouaille et, sporadiquement, en bas-vannetais.

saillour, *sauteur.*

[saisi] : ur voües saisi, *femme grosse* [Cillart : **saizi**].

saison déüéhat, *arriere-saison* [*v.* **saçun**].

saiziein, *saisir, apprehender au corps.*

salein *ou* **salou,** *saler* [**salla**].

salvedigueh, *salut* [**silvidigez**].

sam, *somme, voiture, charge d'un cheval,* [pl.] **sameu**; jau a sam, *cheval sommier, malier* [**samm**].

samaidein, *soupeser* [Grég. de Rostr. : vannet. **samedein** : formé sur **samet** comme le bas-vannet. **poezetat** sur **poezet**].

samelle, *semelle,* [pl.] **samelleu.**

samellein, *ressemeller.*

[san : *v.* **stan**].

[sanglen] : er guetan sanglen, *le surfais.*

sanglenein, *sangler.*

santaule, *encan, à l'encan, à l'enchere* [= **santol**].

santeleh, santeledigueh, *sainteté* [**santelez**; gall. **santolaeth**].

santinelle ar varh, *vedette* [à *cheval*].

santiu, *sensible.*

saü, *le lever;* saü hiaule, *lever du soleil;* diar saü en ovéreu, *à l'issuë de la messe* [**sao, sav**].

saudre, *saule* (1).

sauein, seüét, *lever, elever* [**sevel**; bas-vannet. **zeŵel**; gall. **sefyll**].

saüét, *issu, élevé, levé.*

savaunette, *savonnette.*

savellec, *ralle de genest* [moy.-bret. **savellec,** pas usité en léonard, usité en Cornouaille, en vannetais].

saugarnaér, *saunier,* [pl.] **saugarnerion.**

[Saus, *Anglais* (*Saxon*) : {gall. **Sais, Saeson**; cornique **Saws, Sawson**), *v.* **Berzaus**].

savouri, *seriette.*

saye, *habit, robbe,* pl. **sayeu** [**sae, saeou**; bas-vannet. **se, ze**; **zeyaw**].

scabeau, *marche-pied, escabeau.*

scabeüic, *sellette.*

scan, *leger, agile, fou;* scan a ben, *téte de giroüette, inconstant;* boet scan, *viande creuse;* scan a hoüil, *bon voilier* [**scãv, scaŏ**; bas-vannet. **scãŵ**; gall. **ysgafn; ysgawn**].

scandale, *achopement, querelle, scandale.*

scandalein, *scandaliser, faire du bruit, du désordre* [**scandala, scandalat**; bas-vannet. **scandelat,** *gronder, réprimander*].

[scaouec], ur scaouec, *une brousse de sureau* [voyez **scau**].

scarhadur, *vidange.*

scarhein, *fourbir, racler, curer, vidanger, netoyer;* scarhein ur cheminal, *ramoner;* [**scarza**; gall. **ysgarthu**] (2).

scarhour, *fourbisseur, cureur, netoyeur;* scarhour a briuoes, *cureur de gadou.*

scarinec, *qui a de longues jambes* [**scarinec**; scar, *enjambée*].

scarrein, *gercer, hâler, quand les mains ou les lèvres sont fenduës par le hâle* [**scarra**].

scau, scaouen, *sureau* [**scao, scav**; bas-vannet. **scaŵ**; gall. **ysgaw, yscaw**].

scelle, *talon* [pl.] **scellieu** [léon., bas-vannet. **seul**].

scielle, *sceau,* pl. **scielleu** [**siell**].

sciellein, lacad er scielle, *sceller, mettre les sceaux* [**siella**].

[scile] : ur scile, *une passoire, couloire* [**sil**; moy.-bret. **sizl**; gall. **hidl**].

scilein, *passer, couler* [**sila**; gall. **hidlo**].

sclasse, *glace* [**sclas,** *verglas, glace légère*].

sclassein, *geler.*

---

(1) *Saudre* est français comme *saule.*

(2) *y* ne compte pas pour une syllabe.

sclasserés, *glaciere.*

sclérat *ou* **sclairein,** *éclaircir, soudre une difficulté;* sclérat ara en amser, *le temps s'éclaircit* [**scleraat**].

sclerdér, *illumination, lumiere, lueur;* rein sclerdér, *illuminer, éclairer;* turul sclerdér, *luire* [*v.* **turul**] [**sclerder;** moy.-bret. **sclaerder;** gall. **claerder**].

scléren üi, scléren üieu, *glaire d'œuf.*

sclerigenein, *illuminer, éclairer.*

sclerigenus, *rayonnant, radieux.*

sclerizion (*ailleurs*) (1), **sclerigenn,** *clarté, illumination* [léon., bas-vannet. **sclerijenn**].

sclinssennét, *éclissé.*

sclissenn, *écli,* pl. **sclissenneu** [**sclisenn**].

scoarn, *oreille,* [pl.] **discoarn** [*deux oreilles*]; scoarn calét, *sourdeau* [**scouarn, discouarn;** cornique **scovarn;** gall. **ysgyfarn**].

scoarnec, *sourdeau, b   r, qui a de grandes oreilles* [gal' ,**gywarnog, ysgyfarnog,** *le lièvre*].

scoein, *frapper, battre;* scoein ar er sable, *échouer sur le sable;* scoein ar en annean, *forger, battre sur l'enclume;* scoein doussic, *frauler, frapper doucement, legerement* [**skei,** participe **scoet**].

scole [**scol**], *secte, école;* mestre scol, *pedagogue, pedent, maître d'école* [**scol;** bas-vannet. **scoul;** gall. **ysgol**].

scolpeen, *coipau, écarissure,* pl. **scolpat** [**scolpenn, scolp, scolpad**].

scontail, *epouventail, moulinet* [**spountaill,** *l* mouillé].

sconte, *allarme, épouvante, frayeur, peur.*

scontein, *épouvanter, allarmer, avoir peur* [**spounta**].

scontus, *peureux, ombrageux, affreux, effrayant* [**spountus**].

scopein, *cracher* [léon., bas-vannet. **scopat**].

scopitel (2), *crachat, salive* [cf. **scopigella,** *crachoter*].

scot, *souche,* [pl.] **scodéu;** scot güin, *sep de vigne;* scot tàn, *tison* [**scod**].

scoüai, discouai, *epaules* [*deux épaules*]; er planquen scoüai, *l'omoplate* [**scoaz, discoaz;** bas-vannet. **scwe, discwe;** gall. **ysgwydd**].

scourgér, *foüet,* [pl.] **scourgeu,** *ici foüette* [**scourjez**].

scourn, *glace* [**scourn;** bas-vannet. **scorn;** haut-corn. (Faouët), **zorn**].

scournein, *glacer* [**scourna**].

[**scourre**] : é scourre, *en pendant* [**scourr, e-scourr;** bas-vannet. **scour;** gall. **ysgwr,** *branche*].

scourrein, *pendre, suspendre* [**scourra**].

scrap, *enlevement* [**scrab, scrap**].

scrapein, *enlever, attraper* [**scrabat;** bas-vannet. **scrapat**].

scrignadur, *ricannement.*

scrignal, *ricanner* [léon., bas-vannet. **scrignal**].

scrignous, *rechigné.*

scrihuein, *écrire, fourbir* (3) [**scriva, scrifa,** *écrire;* gall. **ysgrifo,** *écrire*].

scrihuell, *etrille* [**scrivell, scrifell**].

scrimpein *et* **scrimpal,** *hennir.*

scrimpereh, *hennissement.*

scriuellein, *pancer, étriller un cheval* [**scrivella**].

scruniein, *égrener* [cf. plus haut **discreinein,** *égrener;* **scruniein** a été probablement précédé de **sgruniein, sgreuniein**].

scruniét, *égrené.*

scubelen, *balet, houssoir* [bas-vannet. **šubelenn**].

scudel, *ecuelle,* [pl.] **scudelleu** [bas-vannet. **šudell;** gall. **scudell**].

---

(1) *Ailleurs* s'applique probablement à *sclerigenn; sclerizion* est haut-vannetais.

(2) Ne pas le confondre avec **scobitell,** *moulinet d'enfant,* volant, pour le jeu de ce nom.

(3) Cillart, *idem.*

scudellat, *ecuellée* [bas-vannet. **šudellat, šulat**].

scueh, *las, lassé, fatigué, harassé* [**skuiz,** bas-vannet. **šuic'h;** cornique **squyth**].

scuehdèt, *lassitude* [**skuizder**].

scuehein, *fatiguer, harasser, lasser* [**skuiza,** bas-vannet. **šuihein**].

scuillein, *repandre, verser, gâter* [**skuilla,** avec *l* mouillé; bas-vannet. **šuillein**].

scumenein, *écumer* (1).

scumenn, *scum, écume.*

scupein, *balayer* [**scuba;** bas-vannet. **šubat;** gall. **ysgubo, yscubo**].

séah, *foudre* [**seaz,** *flèche,* moy.-bret. **saez;** gall. **saeth;** pour le sens, cf. le français *carreau,* pour les traits de la foudre].

séahein, *foudroyer, jurer, sacrer.*

seblant, *apparence, semblant;* gobér seblant, *faire semblant, feindre, simuler.*

seblantein, *sembler, paroître, avoir apparence.*

secour, *secour, aide, assistance,* [pl.] **secoureu;** rein secour, *donner, prêter main-forte* [léon., bas-vannet. **sicour**].

see[n]tein, *obéïr;* seentét doh ein, *obéissez-moy* [**senti**].

ségal, *segle,* [pl.] **ségâleu** [cornique **sogal, sygal**].

[ségalec], ur ség alec, *un champ semé de segle.*

segousse, *secousse,* [pl.] **segousseu.**

seh, *sec;* aüél seh, *hale, vent sec;* seh a guein, *mesquin, vilain;* seh corn, *très-sec* [**seac'h, sec'h;** bas-vannet. **zęc'h;** gall. masc. **sych,** fém. **sec'h**].

sehedic, *alteré, cibond* [**sec'hedic;** gall. **sychedig**].

sehein, *secher, tarir, hâler.*

séhét, *soif;* digasse séhét, *qui altere* [*apporte la soif*] [**sec'hed;** bas-vannet. **zihiet;** gall. **syched**].

séhour, *aridité, sécheresse, hâle, du vent.*

seih, *sept* [**seiz;** gall. **saith**].

seihvét, *septiéme* [**seizved**].

seille, *seau à puiser de l'eau,* pl. **seilleu** [**saill,** avec *l* mouillé].

seillen, *sole,* [pl.] **seillenneu.**

seim er güin, *la séve du vin* (*point ici*) [cf. vieux-français **saim,** *graisse*].

sél, *aspect, vûé, inspection, visée, regard,* [pl.] **sélleu;** er sél, *la vision;* ur goal sél, *un terrible regard* [**sell;** gall. **syll**].

sél mui, *d'autant plus;* sel mui arér eit ou, *plus on en fait pour luy* [**seul vui;** gall. **sawl**].

sellat, *regard,* [pl.] **selladeu.**

séllein, *regarder;* séllein a gorn *ou* a drés, *regarder de côté, de travers* [léon., bas-vannet. **sellet;** gall. **syllu**].

selziguenn, selziq, *saucisse, ou comme en françois* [**silzigenn, silzic;** gall. **selsig**].

semeil, *revenant, fantôme de nuit,* [pl.] **semeilleu.**

sempladur, *pamoison, syncope, foiblesse.*

semple *ou* **semble,** *foible, sans force, abatu (pour le corps).*

semplein, *se pâmer, évanoüir* [**sempla**].

sermant, *du serment, ce qu'on a coupé de la vigne.*

serrein, *fermer.* Voyez **cherrein.**

séüél [**séhuél**], **saüein,** *hausser, lever;* seüél aineep, *se mutiner, se lever contre;* séhuél eveit, *prendre le parti;* him séüel, *se relayer, se relever* [*v.* **saüein**].

seule, *chaume,* [pl.] **seuleu** [**soul, saoul;** sg. **soulenn;** gall. **sofl**].

seulec, seuleu, *champ dont le grain a été enlevé* [**soulec**].

---

(1) Emprunté au français *ecume.* Le cornouaillais a la forme intéressante *spouma* (Grég. de Rostr.).

seut, *vaches (en plurier)* [léon., bas-vannet. **saout**].

seyenn, *ruban*, pl. **seyenneu** [seizenn].

seyennour, *rubanier.*

si, *défaut,* [pl.] **sieu ;** ur march en dés sieu, *cheval vicieux* [faussement donné comme spécialement vannetais par Troude ; usité un peu partout].

siegein, *assieger* [**sich,** *siège*].

[sifféra] : e-sifféra, *sous préteœte ;* ó sifféra en devout guel, *en s'attendant à avoir mieux* [Cillart : **é-cifara**].

signeuri, *apanage, seigneurie.*

signifiançe, *avant coureur de la mort.* [**sigur**] : a sigur, *sous prétexte.*

sihouah, *Dieu nous en préserve !* [**siouaz;** gall. **ysywaeth**].

siliénn, *anguille,* [pl.] **silieu** [silienn, **sili;** bas-vannet. **ziyenn**].

singlennein, *sangler avec des sangles* [**sënklenna**].

soh en araire, *le soc de la charruë* [**souc'h ;** gall. **swch ;** bas-vannet. **soc'h**].

[sol] : er sol, *le fonds, le solide;* er sol ag ër mor, *le fonds de la mer;* casse der sol, *abimer, ruiner;* sol ur huenn, *un tronc d'arbre* [**sôl**].

sol, *semelle,* [pl.] **solieu** [**sôl**].

sol, solenn, *reste d'une pile de,* etc., pl. **solenneu.**

selein, *aller à fonds.*

soliat, *semellier, mettre des semelles, chausses.*

solitein, *induire, persuader, suggerer.*

solitte, solittement, *instigation, suasion* [pl.] **solitteu, solittementeu ;** dré solitte, *à la suasion.*

sondeine ou **sondain,** *incontinent.*

songe, *pensée, souvenir,* [pl.] **songeu** [**sôch, sôj;** bas-vannet. **jôj**].

songein, *penser* [léon. **sôjal;** bas-vannet. **jôjal**].

songûs, *pensif* [= **sôjus**].

sonn, *solide, ferme* [**sounn**].

sonte, *le fonds.*

sontein, *sonder;* sontéet ën dra, *sondez le gué* [**sounta**].

sontil, sontilement, *subtil, subtilement* [moy.-bret. **soutil**].

sorcein, *ensorcellér.*

sorcér, *sorcier,* pl. **sorcerion** [**sorser**].

sorcereh, *magie, malefice, pact, sortilege* [**sorserez**].

sorcét, *maleficié, ensorcellé.*

sorhenn, *vision creuse, imagination ridicule, piafe* [pl.] **sorhenneu** [sorc'henn; bas-vannet. **sorhienn**].

sorhennus, *visionaire, qui a des rats, tireur de canards.*

sorte, *espece, sorte;* ag ur sorte ataü ou berpét, *qui est toûjours de même;* goual sorte zou ën ah, *vous avez de la malice.*

sottisse, *asnerie, sotise, bétise, folie.*

soubein, *plonger* [**souba**].

soubenn, *soupe, potaye,* [pl.] **soubenneu.**

soubennec, *soupier.*

soubit, *improviste, imprevû.*

soüeh, *admiration, merveille,* [a]*dmirable;* soüeh bras, *admiration, exclamation* [**souez;** bas-vannet. **swęc'h**].

soüehein, *étonner, stupefier* [**soueza;** bas-vannet. **zouhet,** *étonné*].

soug er goug, *la nuque du coup* [**chouc;** bas-vannet. **souc**].

souhèt, *étonné, penaud;* bout souhét, *admirer, être étonné;* lacat devout souhét, *interdire, étonner* [v. **soüehein**].

[soul (1) aleurét : v. **eurét**].

soul huerhein, *vendre trop cher* [v. **guerhein**].

souplein, *fléchir, faire la revérence.*

sourci, *inquiétude, sollicitude, souci, soin.*

sourdadur, *stupéfaction, étourdissement.*

sourdein, *stupefier, étourdir, rendre sourd.*

---

(1) **Soul** a le sens du français *sur,* et en vient probablement.

sourgellein *ou* **chourgellein,** *rentrer.*

souspét, *défiance.*

souspettein, *se défier, pressentir.*

souspettus, *défiant.*

spaoüart, spaoüet, *cheval hongre* [**spazard, spazet ;** gall. **yspadd,** *châtré*].

spaoüein, *hongrer.*

sparle, *levier pour baricader,* [pl.] **sparleu.**

sparlein, *baricader* [**sparla**].

[**spécial**] **:** e spécial, *nommément.*

spelh, *le hâle du vent ou du soleil;* auel spelh *ou* spelhus, *vent froid qui coupe.*

spernenn, *epine, aubespine,* pl. **sperne.**

spiein, spial, *être à l'affust, épier, espionner, guetter* [**spial, spia**].

spil, *verglas* [**spill,** avec *l* mouillé].

spinahenn, *le hâle, vent brûlant* [**spinac'h,** *hâle*].

spinahét, *hâlé, grillé, brûlé par le vent.*

spïahouér, *epervier,* [pl.] **splahouéret** [**sparfell;** bas-vannet. **spläwer**].

splan, *transparent, clair* [**splann;** cf. gall. **ysplennydd**].

splánat, *applanir, éclairci*[r] *une difficulté.*

splandér, *illumination, lumiere.*

spleitte, *acquit, avantage;* spleitte er bet, *aucun profit ou avance* [bas-vannet. **spleït**].

spleittene, *languette.*

spoüé, *liege, éponge* [**spoué, spouënk;** gall. **ysbwng**].

spoüéus, *spongieux, poreux.*

squeigein, *inciser* [**skeja**].

squent, *sens;* er puemp squent naturel, *les cinq sens* [**skiant,** bas-vannet. **škent,** avec *k* palatal].

squent, *poúmon* [**skevent;** gall. **ysgyfaint**].

squét, *ombre,* pl. **squedeu** [**skœud;** gall. **ysgawd.**]

squient, squiendeu, *les sens;* squient vat, *bon sens, bon esprit* [v. **squent**].

squrzein, *arrêter une roüe, une barrique de vin, etc., les empêcher de rouler, soûtenir.*

staguein en éhein, *atteler les bœufs;* staguein doh, *attacher contre, afficher, appliquer* [**staga**].

staguét, *attaché, attenant.*

staire, *etoile;* pl. **stairi.**

stal, *etau, boutique,* [pl.] **staleu** [**stal, staliou**].

[**stan**] **:** er stan *ou* er san, *le palais de la bouche;* **stanue,** *le palais* (1) *de la bouche* [**staŏ;** moy.-bret. **staffn;** *pour* san, cf. gall. **safn**].

stanc, *épais, touffu.*

stanque, *le palais de la bouche* [Cillart : **stanne, stanff, stang**].

stanquein, *boucher, opiler* [**stānca**].

stáq, staguel, *attache,* pl. **stágeu, staguelleu.**

sterdein, *étreindre, serrer, presser, bander* [**starda**].

stern er guiadér, *métier sur lequel travaille un tisseran.*

stert etrain (2), *serré, pressé.*

steü, stef, *bouchon, tampon,* pl. **steueu** [**stouf**].

steüein *ou* **steufein,** *oppiler, boucher, adouber* [**stoufa, stouva, stefia, stevia;** bas-vannet. **štouein**].

steüein, *tramer de la toile* [**steui, stëui, steuvi;** gall. **ystofi**].

stéüen, *la trame d'une toile* [**steuenn, stûvenn, steuvenn;** gall. **ystofen**].

stiren, *astre, étoile;* faute de meilleur mot pour dire, *astre,* [pl.] **stir, stirét, stirenneu** [**stérenn, steṛ, stered;** gall. **seren, ser**].

stivage, *les separations de la charge d'un navire;* stivein, *separer, etc.*

stlegein *ou* **stlegal,** *trainer, tirailler* [**stleja;** bas-vannet. **scleijal**].

---

(1) Original *le plais.*

(2) Il faut lire **stert crean,** *serré fort.*

stoliquenn, pl. **stoliquenneu,** *les barbes d'une coëffe, les ailes d'un surplis* [**stolikenn**].

stoque, *coup.*

stoquein, *heurter, choquer* [**steki,** partic. **stoket**].

stoüein ar en eu lin, *mettre les deux genoux en terre* [**stoui;** gall. **ystwng**].

stoup, *etoupe;* stoup seï, *fleuret de soye.*

straque, *crotte.*

straquein, *crotter.*

streaoüein, streüein, *parsemer, éparpiller, jetter à droit et à gauche* [vieuxbreton **strouis,** glose *stravi*].

strebautein, *broncher* (*vers le Guimené*) (1).

streh, *étroit* (ce mot est obscene vers le Guimené (2) et les trois suivans) [**striz;** bas-vannet. **štric'h**].

stréhadur, *étrecissement.*

strehein, *serrer, étrecir;* him strehein, *se ralatiner* [**striza**].

strihuein, *éternuer* [**strefia, strevia;** bas-vannet. **štreẇein;** gall. **ystrewi, trewi**].

strinpeu, *tripes, tripailles* [**stripenn, stripou;** bas-vannet. **štrimpaw**].

strinquadur, *injection, rejaillissement.*

strinque, *seringue.*

strinquein, *jaillir, rejaillir, seringuer* [**strinca**].

stur, *gouvernail,* [pl.] **stureu** [**stur, sturiou**].

suan, *savon* [**soavon;** moy.-bret. **soauon;** bas-vannet. **zwęwŏn**].

suannein, *savoner* [**soavoni,** bas-vannet. **zwęwonein**].

suau, soüeu, *suif* [**soav, soa;** bas-vannet. **zwęẇ;** gall. **swyf**].

suauein, *garnir de suif, frotter de suif* [**soavi**].

substançe, *idem en françois.*

sucre, *idem en françois.*

sucrineen, *melon,* pl. **sucrin** [**sucrinenn, aval sucrin**].

suhun, *semaine,* pl. **suhunieu** [**sizun;** bas-vannet. **suhun, zuhun, seuheun (sŏhŏn);** cornique **sythen, sythyn**].

suitte, *idem en françois.*

sujet, *sujet, assujeti, accoûtumé.*

sujetissein, *assujetir, vaincre, subjuguer* (gueres usité).

sujettein, *vaincre* (point usité).

sujité, *vassaux.*

sul er blayeu, sul el loré, *dimanche des Rameaux* [*v.* **blayeu, lauré**].

sulêr, *gallas, grenier,* pl. **sulérieu** [bas-vannet. **julęr;** cf. **solier**].

suspettus, *défiant* [cf. **souspettus**].

sustantein, *sustenter* [cf. moy.-bret. **substance, sustance**].

T

tablêr, *bureau, table de gens d'affaires.*

taboureau, tabourette, *escabeau.*

tabut, *grabuge, bruit, querelle.*

tache, *clou* [**tach;** bas-vannet. **tęch, tach**].

tache *ou* **tachadur,** *soüillure, tache.*

tachein, *cloüer.*

[**tachen :** *v.* **goal**].

tadec, *beau pere.*

[**tadeu**] : ancien tadeu, *ancêtres.*

tadieu, *grand pere;* **gourdadieu,** *bisayeul, ancêtres* [*v.* **gourdadieu, mamÏeu**].

tâgue, *etranglement.*

---

(1) N'est pas usité, actuellement, à Guémené. D'ailleurs Cillart le donne sans indication de lieu.

(2) Pas à Guémené. D'ailleurs les mots ne sont souvent obscénes que par ce qu'on y veut mettre.

taguein, *etrangler* [**taga** ; gall. **tagu**].

tagus, *qui prend à la gorge.*

taiable, *flxsible, qui peut être fondu*

taiadur, *fondure* [*v.* **taiein**].

taiche, *une inclination, un penchant, une habitude* [bas-vannet. **tech (töch)**].

[**taichéd**] : taichéd on den dra zé, *je suis enclin à cela (ne se dit qu'en mal)* [**techet**, *id.*, dans un mauvais sens].

taiein, taiat, *fondre, liquefier* [**teuzi** ; bas-vannet. **teuein** = **töïgn** ; gall. **toddi**].

tailladur, *taillade.*

taille, *stature, taille.*

taillein, *tailler.*

taillerisse, *bois taillis,* pl. **taillerisseu.**

tál, *fonds (de bariques, etc.)* ; tal er barrque, *le fonds de la barique* [même que le suivant].

[**tal**] : étal, *prés* ; étal en or, *prés de la porte.*

tále, *front,* pl. **táleu** [**tāl** ; gall. **tal**].

talein, talvein, *valoir* ; en talvét tiu, *tant pis pour moy* [**talvout, talvezout** ; bas-vannet. **talout** ; cf. gall. **talu,** *payer*].

[**talein,** *foncer*].

talvoudigueh, *prix, valeur* [**talvou-degez**].

tam, *un morceau, un lopin,* [pl.] **tameu** [**tamm** ; gall. **tam** ; cornique **tam,** pl. **tymmyn**].

tamalation *ou* **temalation,** *reproche, reprimende, vesperie.*

tamalein *ou* **temalein,** *reprocher, arguer, imputer, reprendre, tanser* [léon., bas-vannet. **tamall**].

tân, *feu* ; tàn nos, *feu follét* ; tan sauvage, *feu sacré (maladie)* ; tàn groes tàn poeh, *feu àpre, ardent* ; tàn artifice, *feu gregeois, d'artifice.*

tanoüein, tanoüat, *goûter* [**tăva** ; bas-vannet. **tăwat**].

tanoués, *sas,* pl. **tanouiseu** [cf. **tamoez** ; moy.-bret. **taffoessat,** *sasser* (Cathol., ms.) ; bas-vannet. **tăws, tās** ; trég. **tsös**].

tanoüézein, *sasser, ressasser.*

taoüein, tèüel, *se taire, faire silence* [**tevel** ; gall. **tewi**].

tapein, *mettre* ; tapein de ivét, *verser à boire* [bas-vannet. et corn. **tapout,** *attraper, saisir pour donner*].

tapenn, *goutte,* **tapennic** (*diminutif*), [pl.] **tapenigueu.**

taqueneein, *ruminer (action de quelques animaux).*

taraire, *villebrequin, tarier,* pl. **tarairieu** [**tarar, talar** ; moy.-bret. **tarazr** ; gall. **taradr**].

[**taraq** : *v.* **boscart**].

tardaison, *retardement, accroche.*

tardein, *retarder, rallentir.*

tardemant, *prorogation, retardement.*

tar-gah, un dar-gah, *un marcou* [**targaz,** pl. **tirgisier** ; **targaz** = *tarw-caz*].

tarh, *coup (bruit)* ; tarh, *un pet, un petard* ; tarh en dé, *crepuscule* ; tarh curun, *éclat, coup de tonnerre* ; un tarh aüél, *un houragan* [*v.* **calon**] [**tarz** ; gall. **tardd**].

tarhein ; *peter, petarder, faire un bruit avec éclat, tonner* [**tarza** ; gall. **tarddu**].

tarhian *ou* **darhian** (1), *flèvre* [**tersienn** ; bas-vannet. **terhienn** ; gall. **teirthawn, teirthon** ; cornique **terthen**].

tarhus, *tonnant.*

[**tastourn**] : a dastourn, *à tâton.*

tastournein, *manier, toucher, patiner, tâter* [**tastourni**].

tastournér, *tâteur.*

tat, *pere,* pl. **tadeu** ; en tadeu, *les ascendants* ; ancien tadeu, *ancêtres* [**tād**].

tat coh, *grand pere* [**tad coz** ; bas-vannet. **ta-coc'h**].

taul [**taule**] (2), *coup, table,* [pl.] **tauleu** ; taul mein, *un jet, un coup de pierre* ; én un taul, *tout d'un coup, en sursaut* ; taul dourn, *gourmade, coup de poing, taloche, tappe* ; ar en taul zé, *tout d'un coup, à la chaude, dans un premier mouvement* ; en taule ag ur plant, *le jet*

---

(1) *darhian,* en construction avec l'article, le mot étant féminin : **en derhiān.**

(2) L'auteur confond sous **taul** et **taule,** *table* et *coup.*

d'une plante qui pousse; un taul roüét, *un coup de filet;* taul coms, *coup de langue* [**taol**; gall. **taflu,** *lancer;* bas-vannet. **tol,** *coup,* masculin].

[**taul**] : un taule bras a hoble, *grande af-fluence de peuple* [Cillart l'emploie dans le sens *d'essaim d'abeilles :* **taul gureine;** Grég. de Rostr. : **taul guenan;** cf. **tao-liad,** *volée,* d'après de la Villemarqué, *Dict. bret.-fr.* de Le Gonidec].

[**taul**], **taule,** *table.* pl. **tauleu** [**taol**; bas-vannet. **tol**; gall. **tafl,** féminin].

[**taulat**] : un daulat, *une tablée* [**taoliad**].

[**taulat**] : un taulat, *une jettée, une digue* (1).

taulein, turul, *jetter* [*v.* **turul**].

[**taulét**] : taulét doh, *attaché, enclin, porté à;* taulét d'en danseu, *attaché à la danse.*

tavarne, *cabarét, taverne,* pl. **tavarneu** [**tavarn; tavarniou;** gall. **tafarn**].

tavarnour, tavarnourés, *cabaretier, cabaretiére.*

[**té,** pron. possess., 2e pers. sing. : *v.* **ar-dran**].

[**té,** pron. pers. sujet, 1ro pers. sing. : *v.* **é**].

teat, *langue,* [pl.] **teadeu** [**tèod**; bas-vannet. **tĕd**; gall. **tafod;** cornique **tavas**].

teeh er seut, er guivre, en denét, *les telles, mamelles des vache(s),* [*des chèvres*], *des brebis* [**tez**; gall. **teth**].

[**teen, teennour** : *v.* **tenn, tennour**].

teennereah, *tirerie, petarderie.*

[**teét,** *v.* **lard**].

teb, *fuite, évasion, éloignement;* é teh, *en fuite, fugitif* [**tec'h**].

tehein, teh, *fuir;* mé deh, *je fuis* [**tec'het;** gall. **techu,** *se cacher*].

teile, *fumier,* [pl.] **teilieu;** teile doüar, *terreau* [**teil**; bas-vannet. **teĭ**; gall. **teil**].

teilec, *un tas de fumier.*

teiliein, teiliat en douar, *fumer la terre.*

teissat, *titre, faire de la toile, ou, etc.*

teissér gloan, teissér lien, *tisseran en laine, en toile* (2).

temal, *reproche,* [pl.] **temaleu** [*v.* **ta-malein**].

temalein, *reprocher, lanser* [*v.* **tama-lein**].

tenaouat *ou* **tenaüein,** *amenuiser, amoindrir* [**tanavaat**].

tenaü, *menu, fin, délié, grêle, liquide, mince* [**tanav, tanao, tano;** bas-vannet. **tenaẅ;** gall. **tenau**].

tenn, teen, *coup de fusil, de canon, etc.,* [pl.] **teenneu;** teun bonchon, *tire bou-chon;* teun fonce, *tire fonds;* un teun canou, *un coup de canon.*

tennein, *tirer, attirer, retirer, arracher, aveindre, soustraire* [**tenna;** gall. **tynnu**].

tennour, teennour, *tireur,* pl. **ten-nerion;** tenuour en dent, *arracheur de dents.*

téoualigen, téoualigueh, *obscurisse-ment, obscurité* [**tevalijenn** : *v.* **tioua-lizion,** forme du haut-vannet.].

téoüel, *obscur, inévident, triste, lugubre, nebuleux, opaque, tenebreux* [**teval, tĕval;** bas-vannet. **tăwẹl;** gall. **ty-wyll**].

téoüeldêt, *tenebres, obscurité* [moyen-bret. **tevaldet, teualder;** bas-vannet. **tă-weldet**].

[**terbon** : *v.* **harnan**].

termal *ou* **termein,** *ahaner, prendre peine* [**termi, termal;** bas-vannet. **termal,** *se plaindre, ahaner*].

termein, *repi, terme* [léon., bas-vannet. **termenn**].

[**termein**] : termein varhuë, *le dernier soûpir, l'expircment.*

terminein, *terminer, finir, aboulir, as-soûpir, limiter, borner ou rendre l'ame.*

---

(1) L'auteur paraît avoir mal interprété *taulat* et confondu l'*action de jeter* avec *jetée* (= *digue*).

(2) L'original a interverti l'ordre de traduction *(tisseran en toile, en laine).*

terminét, *défunt* [tremenet].
[terrien] : labour terrien, *agriculture*.
tescannein, *glaner* [trég. tescaouin; moyen-bret. tescouha].
tésse, *toise*, [pl.] tezadeu.
tesse, *berne de bled, monceau, amas, pile, masse*, pl. tesseu [= tes].
tessein, *entasser, accumuler, amasser*.
testani, testoni, *témoignage* [testeni].
testaniein, *témoigner*.
teste, *témoin*, pl. testeu [test, testou; gall. tyst, tystion].
téü, *gros, grossier, massif, opaque, t'apu* [teo; bas-vannet. tĕw̃; gall. tew].
téudét, *grosseur* [teoder].
téuein, téüat, *grossir, figer, épaissir* [teoaat, tevaat; bas-vannet. tĕw̃at].
teumpeste, *tempeste*, pl. teumpesteu [moyen-bret. tempest; cf. gall. tymmest].
tévlein, *carler, tuiler* [teolia].
tévlenn, tévle, *tuile* [teolenn, teol].
ti, *maison*, pl. tiér; ti a guèr, *maison de ville*; ti fal, distér, *taudis* [ti, tiez; bas-vannet. ti, tiyer; gall. ty, pl. taï].
tiat, *maisonnée*, pl. tiadeu.
tiec, *laboureur*, pl. tierion [tiec, tieien; bas-vannet. kec, er c'hiec : kec avec k palatal].
tiecat, *ménager ensemble, s'acquiter des obligations d'un ménage* [tiecaat].
tiégueh, *ménage* [v. dibreder] [tiegez].
tiic, *maisonnette*.
tinér, *tendre, tendron* [tener; gall. tyner; bas-vannet. tener].
tinérat, *amollir, attendrir* [teneraat; gall. tynerhau].
tinérdét, *sensibilité, tendreté* [tenerded].
tiouele, *obscur* [v. téoüel].
tiouelizion, *obscurité* [v. téoüaligen].
tirenn mél, *gaufre de miel, rayon de miel* [pour direnn; plus haut diren mil; léon. direnn-goar; gall. dil mél].

[titreu : v. coh].
[tois : v. go].
toisatat, *glaner*.
toisenn, *épic*, [pl.] toisat[gall. tywysen, twysen, tywys; cf. tamoezen; trég. taôzen].
ton, *idem en françois*.
ton ur ganen, *air de chanson*.
tonnel, *tonneau*, pl. tonneleu.
tonnen, *la tonne*, pl. tonnat.
torchenn [pl.] torchenneu (gloau, couarh, seï), *houpe, floccon de laine, de chanvre, de soye, touffe*.
toréein, toreal, *se veautrer*; toréein en hiaule, *se coucher au soleil* [cf. tor, ventre].
toréen, *une dorée ou dorade* [Cillart : doréenn].
torfèt, *forfait, crime* [torfed, torfejou].
torfettour, *malfaicteur, mechant*, [pl.] torfetterion.
torgamét, tortic, *torticoli*.
torh, *tourte de pain*, [pl.] torheu; torh coaire, un dorh coaire, *un pain de cire* [torz; gall. torth].
torheel, *serrure*, [pl.] torhelleu, ici doralhué, doralhuieu [dorzell, torzell].
torrable, *qui peut ou doit être cassé, ou annullé, ou rompu*.
torradur, *fracture, ressision, rupture*.
torrein, *rompre, casser, annuller, froisser, briser, resilier, roüer*; torrein er sehét, *etancher la soif* [terri, part. torret; gall. tori].
torrimellat, *se veautrer, se rouler*.
tost, *prés*; heritour tostan, *héritier présomptif* [le plus prés].
tostat doh, *approcher de, aborder quelqu'un, accoster* [tostaat].
tostic, *tout prés, joignant*; a dostic doh aman, *prés d'ici*.
toüadel, *jurement*, pl. toüadelleu.
touchant, *incontinent* [bas-vannet. tuchant].

[touche] : mein touche, *pierre d'aiman.*
touchein, *manier, toucher.*
toüein, *couvrir une maison ou, etc.*
[tei; bas-vannet. toein; gall. toi].
toüenn, *couv rlure de maison,* pl. touenneu [léon., bas-vannet. toenn; gall. toen].
toüéour, *jureur, couvreur.*
toués, *pâte* [toaz; gall. toes].
toul, *trou, pertuis,* pl. toulleu; en toul plous, *la ruelle du lit* [gall. twll].
toulèc, *poreux.*
toulette, *toulet pour ramer,* [pl.] touledeu.
toulic, *pore, petit trou,* [pl.] touligueu (1).
toulleîn, *troüer, percer, creuser, foüir* [toulla].
toupennat, *floccon.*
tourmant, *tempête, tracas, tourment,* [pl.] tourmenteu.
tourmantein, *chagriner, tempêter, tourmenter.*
tourniquelein, *piroüetter.*
tourniquet, *piroüette.*
touyein, *jurer* [toui; bas-vannet. touet et toeyein; moy. bret. toeaff, gall. tyngu].
touyour, *jureur,* [pl.] touyerion.
touzadur, *toison.*
touzein, *tondre* [touza].
touzér, touzour, *tondeur.*
touzét, *ras;* bleau touzét, *poil ras.*
tra, *chose;* un dra, *une chose;* en dra zé, *cela* [cornique tra; bas-vannet. tra, mais avec man et ze, trę; de même nitrę, petrę].
[trai] : en trai ag er gulé, *le côté du lit opposé à la ruelle.*
traima, traizé, *par ici, par là* [tré-ma, tre-zé : v. draima].
train *ou* trein, *allure, manière de marcher, suite, équipage.*
traitour, *perfide, traître.*

traitoureh, *perfidie, trahison* [traïtourez].
trampage, *trempement, brouoit, bouillon de soupe.*
trampét, *imbu, imbibé, tr mpé.*
trappe, *trape,* [pl.] trapeu.
[tré] : tré zou, *la mer perd* [tré; Le Gonidec donne aussi treac'h; gall. trai].
treah *ou* deure treah, *urine* [troaz; bas-vannet. troec'h; gall. troeth].
treangadur, *acidité, aigreur.*
treanguein, *aigrir* [trĕncaat].
tréanq, *acide, aigre,* [trĕk; bas-vannet. trïgnc].
[treau : v. dreau].
trebil, *affliction, peine, pauvreté, adversité* [trubuïll avec *l* mouillé].
trechon, *oseille* [trïnchin, bas-vannet. trechän].
trechonein, *agacer les dents.*
treein, *perdre (pour la mer) et monter (pour ce qui est animé).*
tregont, *trente.*
tregonvèt, *trentième.*
trehein, *passer de l'autre côté d'un bras de mer* [treiza].
tréhour, *passager,* pl. tréherion [treizer].
treichein, *tricher, tromper, frauder au jeu.*
treidi, *étourneau,* [pl.] treidiét.
treih, *passage, trajet, bateau de passage* [treiz; cf. gall. traeth, *rivage*].
treillerisse, *fenêtre treillissée.*
treilleu, *grille de fenêtre, treillis.*
trelatet, *foible d'esprit, tourné de tête, imbécille.*
trelattein, *tourner de tête, rendre fou, affoler, abêler, virer* [moyen-bret. trellataff].
trēma *ou* trema ha, *vers, du côté* [bas-vannet, trema].
tremenn, *passer, franchir;* en un dremein, *superficiellement, en passant* [léon., bas-vannet. tremenn].

(1) Original : *touligneu.*

trepé (1), *trepier*, [pl.] **trepéyeu** [**trebez,** bas-vannet. **trẹbẹ**].

tresquis, un dresquis, *ouverture pour faire écouler l'eau à travers une terre labourée.*

tress, *piste,* [pl.] **trezeu** [**trez,** en corn. d'après Troude, Grég. de Rostr. **trecz**].

treste, *poutre,* pl. **trestiér** [**treust,** bas-vannet. **treušt, trešker,** avec *k* palatal; gall. **trawst**].

trêt, trêd, *maigre* [léon., bas-vannet. **treud;** gall. **tlawd,** *pauvre*].

trettat, *maigrir* [**treutaat**].

treu, *hardes, habits, nippes,* [pl. de **tra**].

[**trez**] : rue trez, *ruë traversine* [léon., bas-vannet. **treuz;** gall. **traws**].

trezein, *traverser, percer de part en part, transpercer* [**treuzi**].

trezeu en or, *le seuil de la porte* [**treuzou;** bas-vannet. **trezaw;** gall. **trothwy**].

trézour, *traverseur.*

tri (masculin, **ter** féminin), *trois* [**tri, teir;** gall. **tri, tair**].

trichereh, *fraude, tromperie, tricherie;* guet tricherch, *frauduleusement* [v. **treichein**].

tricot, *massuë, tricot.*

tripotage, *idem en françois.*

triquette, *treteau,* pl. **triquetteu.**

triquouzeu, *des gamaches* [**tric-heuzou**].

triste, *idem en françois* [**trist;** gall. **trist**].

tristé, *tristesse, accablement d'esprit* [moy.-bret. **tristez**].

tristidigueh, *accablement d'esprit, mélancolie, misere* [**tristidigez**].

trivét, en drivét, *troisiéme, triple.*

trizec, *treize.*

trizecvét, *treziéme, treziémement* trezain.

tro *ou* **trou,** *tour, le tour,* pl. **troyeu** [**tro, troiou;** gall., cornique **tro**].

tro, *version* [même que le précédent].

tro, *tour, un tour, une piece, une frasque;* ardro, *autour;* ar é dro, ar hé zro, *autour de luy, autour d'elle* [v. **ardro**]; tro ha tro, *tout autour;* hoaried en dés un dró din, *il m'a joüé une piece* [**tro, tro ha tro, wardro**].

tro, *prezure, tournure.*

[**tro** : v. leah].

troat, *tournée.*

troedat, un droedat, *un pied (mesure)* [**troatad**].

troedic, troedigueu, *petits pieds.*

troein, *tourner* [**trei,** part. **troet**].

troet, *pied,* pl. **treit;** ar droet, *à pied;* met en troet, *le gros orteil;* bibil ou hebil troet, *cheville du pied;* calon en troet, *le dessous du pied;* troet ur bouquette, ur frehen, *le pied d'une fleur, d'un fruit* [**troed,** pl. **treid;** gall. **troed,** pl. **traied;** bas-vannet. **troet, trẹt,** pl. **treit**].

trogen ur huen, *tronc d'arbre* [**trõjenn, treujenn**] (2).

troh, *taill[a]de, coupe, coupure,* [pl.] **trouheu;** troh ur hoët, *la taille d'un bois* [léon., bas-vannet. **trouc'h;** gall. **trwch,** *coupé, coupure*].

trohein, *trancher, couper;* trohein munut, *hacher* [**trouc'ha**].

tro hiaule, *tourne sol* [**tro-heol**].

trompein, *affronter, abuser d'une fille, friponer.*

tromperreh, *tromperie, affronterie, fourberie, friponerie, illusion, subreption* [**tromplerez**].

trompette, *idem.*

trompettein, *sonner de la trompette.*

trompour, *affronteur* [**trompler**].

troquour, *saunier,* [pl.] **troquerion** [**troker; treki,** *troquer*].

[**trou** : v. tro].

trouh, *incision* [v. **troh**].

trouhein, *inciser, couper* [v. **trohein**].

---

(1) Cillart : **trepé, trebé;** cf. gallois **trybedd.**

(2) **Treujenn** en bas-vannetais, a le sens de *perche, long morceau de bois.*

trous en deure, *le murmure des eaux* [**trouz;** gall. **trwst**].

[**trousse**] : en trousse, *le bord, le troussis* [cf. **trŏsa,** *retrousser*].

troussial, gobér trous, *tempester, faire grand bruit* [**trouzal, trouzial**].

truant, *parazite.*

trueïllat, him drueïellat, *se vautrer* [**turiat, turc'hat,** *fouiller la terre comme les porcs;* bas-vannet. **tour-hiellat**] (1).

[**truellat**] : un hanter truellat, *un littron.*

trugaré, *gratitude, merci, reconnoissance, remerciment;* trugaré Doüé, *Dieu merci* [**trugarez;** bas-vannet. **trougęrę,** gall. **trugaredd**].

trugarecat, *remercier, rendre graces* [**trugarecaat;** bas-vannet. **trougęrecat**].

truhé, *pitié, miséricorde;* hep truhé, *de Turc à Maure, sans pitié* [**truez;** gall. **truedd,** *misère*].

truhec, *gredin, gueux, malotru, piétre.*

truhéus, *pitoyable, funeste, humain, miséricordieux* [**truezus**].

tu, *côté, moyen, expédient;* tu hont, tu man, *çà et là;* én tu aral, *de l'autre côté;* a du aral, *d'ailleurs;* clasque en tu, *chercher un moyen, un expédient* [gall. **tu**].

tuat barique, *douvelles de barrique* [v. **tueen**].

tueen, pl. **tuat,** *douvelles* [**tuffenn, tuff**].

tuel, *nappe,* en duel, pl. **tuelleu** [bas-vannet. **toęl,** corn. **toal**].

tuem, *chaud;* ar en tuem, *tout d'un coup, a la chaude, au prémier moment, sur le champ* [**tom;** bas-vannet. **kiom** ou mieux **kom** avec *k* palatal; gall. **twym**].

tuemdér, *chaleur;* tuemdér bras, *ardeur, empressement* [**tomder**].

tuemein, *chauffer, échauffer.*

tufforec, amser tuforec, *louffeur.*

turchein, *se dit d'un mouton qui court pour hurter.*

turhunel, *tourterelle,* pl. **turhunellét** [**turzunell**].

turne, *tour (métier),* pl. **turneu** [cf. gall. **turn**].

turnein, *tourner.*

turul, *lancer, jetter;* turul sclerdér, *éclairer, jetter de la lumiére;* turul ar, *enchérir* [*jeter sur*]; turul diar er galon, *romir* [**teureul, teuler, taoler;** bas-vannet. **tǫler;** cf. gall. **taflu**].

tut, *gens;* me zut, *mes gents;* tut distér, *petites gens* [**tud;** gall. **tud,** *pays, région*].

U (2)

[**üelet**] : en üélét, *ou* en oüelet, *foyer,* pl. **ouaileedu** [**oaled,** bas-vannet. **węled;** gall. **aelwyd**].

[**üennen**] : ur üennen, *une taye* [= **guennen = gẅenenn**].

ui, *un œuf,* [pl.] **üieu;** uieu frittét, *amelette;* **güen üi,** [pl.] **güen üieu,**

scleren üi, [pl.] **scleren üieu,** *glaire d'œuf, blanc d'œuf;* uieu cran, *œuf au miroir;* ur milen üi, *un jaune d'œuf;* milein üieu, *jaune d'œufs;* uieu ar er bacron, *œufs au beurre noir;* uieu guet trechon, *œufs à l'oseille;* uieu broüillét, *œufs au verjus;* uieu guet leah, *œufs au*

---

(1) Cf. gallois **turio,** *retourner;* **twrio :** moch yn twrio tir, *des porcs retournant la terre.*

(2) J'ai séparé les mots commençant par *u* et ceux qui commençaient par *v,* confondus dans l'original sous *v.*

lait; uieu calét, *œufs durs* [**vi, vieu;** bas-vannet. **ui, u, uyąw;** gall. **wy**].

[**üibelette**] : ur üibelette, *un perçoir, un guimbelet* [*v.* **guibelette**].

uiguent, *vingt;* ardro üiguent, *environ une ving-taine* [**ugent;** bas-vannet. **ẅigent;** gall. **ugain**].

uiguen-vét, *vingt-liéme* [**ugendved**].

[**üinéhenn**] : ur üinehenn, *un grain de froment* [= **guinehenn** = **gwinizen** : *v.* **guneh**].

[**ul**, article indéf. devant *l* : *v.* **lestre** : cf. **un, ur**].

[**un**, article indéf. devant *n* et *voyelles* : *v.* **bleidét**].

unan *ou* **unone,** *un;* bout de unan, *s'accomoder, être d'accord, s'entendre* [basvannet. **inŏn;** gall. **unan**].

unec, *onze* [bas-vannet. **ẅenec;** gall. **uneg**].

unec-vét, *onziéme.*

[**ur**, article indéf. devant tout autre son que *voyelle, n,* et *dentale :* ur, même devant *d* commençant *un nom féminin :* v. **bag, bah, mangoer, cabellec, zraizeen, duart**].

urh, *ordre (sacrement),* pl. **urheu** [**urz;** gall. **urdd**].

usadur, *usure.*

uurzun, *navélte,* [pl.] **urzunieu** [*v.* **gurzun**].

Uzeau, *juif (terme injurieux),* pl. **Uzeauion** [**Iuzeo,** pl. **Iuzevien;** gall. **Iuddew, Iddew,** pl. **Iddewon**].

uzein, *user.*

<h1 style="text-align:center">V</h1>

vaën, *vain, foible, frivole, lasche, flasque.*

vagannein, *évanouir.*

vagannereh, *sincope, foiblesse.*

vaillant, *brave, agisant, vaillant.*

vaillantisse, *courage, proüesse, vaillance.*

vainadur, *affoiblissement, foiblesse.*

[**val**] : deend a val, *dents machelieres, les grosses dents* [= **mal** : *v.* **mal**].

valgoriein, *se troubler dans ses paralles.*

valigant, *inconstant, variable, changeant.*

[**vam**] : lezehuenn er vam, *absynthe;* er vam, *la matrice* (ce mot ne s'entend qu'autant que ce qui suit, ou précede, le détermine); er vam llis, *l'Église matrice* [= **mam**].

[**vandroguenn**] : ur vandroguenn, *une grosse gaguie* [= **mandrogenn**].

vannell, *ruelle,* [pl.] **vanelleu** [**banell**].

[**vantein**] : him vantein, *se vanter.*

vâyge, *voyage, navigation,* [pl.] **vaygeu** [**beach,** bas-vannet. **bej**].

vaygeat, *voiture* [**beachi**].

velim, *vencin* [**binim**].

velimadur, *envenimure.*

velimein, *envenimer.*

[**vellein**] : him vellein, *s'immiscer, se mesler* [= **melein**].

[**véllenn**] : ur véllenn, *un grain de mil* [**mellenn**].

velous, *du velours* [léon., bas-vannet. **voulous**].

vendem, *vendange* [cf. **mendem**].

vendemein, *vendanger.*

verlim, *meule pour affiler* [**breolim, blerim;** bas-vannet. **berlim**].

[**vésenn** : ur vésenn, *un glan* [= **mezenn**].

veute, *voute,* [pl.] **veuteu** [**baot**].

veutein, *vouter* [**baota, vaota**].

vile, *abjet, chetif, sale, immonde, maussade;* stat vile, *abjection, humiliation* [bas-vannet. **vil,** *laid, sale*].

vilté, *immondice, vilenie, laideur.*

violein, *violer* [moyen-bret. **violaff**].

violereh, *viol, violement.*

[**viscoeh**] : a viscoeh, *de tout temps (pour le passé)* [v. **biscoeh**].

visein, *viser, prétendre, aspirer.*

vitaill, *rafraichissement, vituaille* [Grég. de Rostren., **bytailh**, au mot *victuaille*].

vitre, *vitre,* [pl.] **vitreu**.

[**voeh**] : er voeh, *la réputation, la voix* [**moez**].

[**volanté**] : a volanté, *volontiérs;* mui a volanté *ou* (**volantéussoh**, *selon Mr. de Gaërné*), *plus volontiérs* [**bolontez;** bas-vannet. **volante, bolante**].

[**voutein**] : him voutein, *se fourer* [v. **boutein**].

[**vrésél**] : leh a vresél, *place de guerre* [v. **bresél**].

Y [*voir* I]

ya, *oui* [**ya;** bas-vannet. **ya,** Seglien **ye**].

yeuage, *paresse.*

yeuec, *paresseux.*

[Z]

a zevri, *tout de bon* [moy.-bret. **a devri;** cf. gall. **difrif, difri,** *sérieux*].

ur zraizeen, *une ronce pour faire des ruches* [v. **drein**].

APPROBATIONS.

NOUS *Soussignés Recteurs de l'Evêché de Vannes, dans les Paroisses Bretonnes, certifions avoir lû & examiné le Dictionnaire Breton-François, Composé Par Feu Monsieur de Chalons Recteur de Sarzeau, Grand Vicaire de Feu Monseigneur François d'Argouges, Evêque de Vannes, lequel Nous avons jugé très-utile à toutes les Personnes qui souhaiteront se perfectionner dans la Langue Bretonne, du Diocése de Vannes. 1723.*

B. Guesdon Recteur de Pluvigné, Syndic du Clergé de Vannes.

Pierre Morice Recteur de Saint-Nolf, Chef des Missions du Diocése de Vannes.

Y. Lorgeoux Recteur d'Erdeven.

Cl. V. Cillart Recteur de Noyal-Pontivy.

François le Dreau Recteur de Grand-Champs.

Perrot Recteur de Baud.

François Bertho, Curé d'Arradon.

Je ne sais si la lecture de ce Dictionnaire a *été très utile à toutes les personnes qui souhaitaient se perfectionner dans la langue bretonne*, mais elle leur aura, à coup sûr, grandement servi au point de vue de la connaissance du français. Le dictionnaire de Châlons abonde en mots curieux, à sens archaïque, en expressions piquantes.   J. L.

APPENDICE

Extraits du Dictionnaire Français-Breton
manuscrit de Châlons

Le Dictionnaire français-breton manuscrit de Châlons, aujourd'hui la propriété de la Bibliothèque nationale, se compose de quatre volumes. En voici la description sommaire d'après l'inventaire de la Bibliothèque : [*Acquisitions nouvelles*. Celt. et B., 67-70; Tome I, A-E; t. II, F-M; t. III, N-R; t. IV, S-Z.

Au bas du titre : « Ex libris Touzée de Grand'Isle, socii Sorbonici, 1774. » Ce ms. a depuis appartenu à Eloi Johanneau, n° 320 du catalogue de vente (1852).

XVIIIe siècle. Papier. 552, 422, 426 et 345 pages; 230 sur 170 millim. Demi-rel. (vente Burgaud des Marets, mai 1873, n° 1965)].

En voici le titre :

Dictionnaire François-Breton du dioceze de Vannes, tres utile non seulement pour ceux qui veulent apprendre le Breton, mais même pour tous ceux qui le savent, afin de s'y perfectionner et le prononcer correctement.

Composé par feu Monsieur de Chalons recteur de la Paroisse de Sarzeau grand vicaire de feu Monseigneur François d'Argouges eveque de Vannes, Revû et corrigé depuis la mort de l'auteur.

Les éditeurs du Dictionnaire breton-français avaient le dessein
d'imprimer également celui-ci, comme en fait foi l'approbation
imprimée collée sur le verso de la feuille A, portant le titre ci-
dessus. Elle est signée par les mêmes personnages que l'approbation reproduite plus haut à la fin du Dictionnaire breton-français
et conçue dans les mêmes termes, avec cette seule différence
qu'elle porte *Dictionnaire breton-françois et françois-breton*,
au lieu de *Dictionnaire breton-françois* seulement.

Châlons, dans son Dictionnaire français-breton, s'appuie
souvent sur l'autorité du recteur de Quervignac (Kervignac, près
Hennebont), de M. Le Moing (vraisemblablement Le Moing,
recteur de Noyal-Pontivy, de 1702 à 1708, puis de Pontivy),
et, ce qui a son importance, du recteur d'Inguiniel. Le recteur
d'Inguiniel, Pierre Barisy, est, en effet, l'auteur d'un recueil de
cantiques avec airs notés, dont la bibliothèque de la ville de
Quimper possède le manuscrit, et dans lequel il a eu l'idée ori-
ginale ou bizarre de modifier son vannetais de façon, prétendait-il,
à le rendre intelligible dans toute la zone bretonnante. Il nous
avertit, par exemple, dans sa préface, qu'au lieu du vannetais
ag, *a*, il a préféré *eus a; z* ou *s* à *h; da* à *de*[1]. L'influence
de Barisy peut expliquer la présence dans le dictionnaire de
Châlons de formes étrangères, à cette époque, au dialecte de
Vannes. Quelques-unes sont dues à la tradition écrite (*bezout*,
revezou).

Une bonne partie des quatre volumes de Châlons est remplie
par des exemples et des préceptes grammaticaux.

Je ne donne guère, en appendice, que les mots manquant dans
le Dictionnaire breton-français, ou ceux qui m'ont paru intéres-
sants par leur forme, ou de nature à rectifier ou expliquer
certaines particularités de l'autre dictionnaire. Il restera donc

---

(1) Voir J. Loth, *Chrestomathie bret.*, pp. 332 et suiv. L'approbation de
l'œuvre de Barisy est signée de Pierre de Châlons et datée de 1710. On y
remarque ces mots : *dans le peu de connoissance que j'ay de la langue bretonne.*
Barisy, né en 1659, mourut en 1719.

encore à glaner dans ce vaste répertoire. Il a été utilisé en partie, déjà, par M. Ernault, dans son glossaire moyen-breton.

L'orthographe de Châlons ne présente d'autre particularité saillante que *c'h*, surtout en cas de mutation initiale, pour *h* vannetais. Barisy s'en sert également. *U* consonne est transcrit par *u'*, *uu'* (*maruu'*, mort, *biu'*, vivant, habituellement *marhue*, *bihue*).

Le dictionnaire français-breton de Châlons et celui de Cillart de Kerampoul sont indépendants l'un de l'autre.

L'abréviation *Dict. bret.*, dans ces extraits, renvoie au Dictionnaire breton-français.

A

abaffet : abaffet é er glaü, *la pluie a diminué* [cf. moy.-bret. **abaffi,** *étonné;* léon. **abaf,** *indolent, sans énergie*].

abarh, *d'ici à, dans :* abarh un er, *dans une heure;* abarh enan, *en moi* [léon. **ebarz,** bas-vannet. **ebarh,** *dans;* **abarz,** *avant*].

abienour, *garde-meuble* [**abienner,** *gardien des saisies de justice,* ap. Troude, *Dict. bret.-fr.*].

adourn, ahourn, *poignet* [*v.* **aourn,** *Dict. bret.*].

ahan [*d'ici*]; **ahenman, avamant,** *d'ici* [au mot *combien*]; **ahennesé,** *de dela* [**ac'hann;** bas-vannet. **ahaneman,** *d'ici,* **ahanese,** *delà*].

airouant : en airouant, *Satan* [*v.* **aerevant,** *Dict. bret.*].

albahen, *manie.*

ambah, *honteux, timide* [bas-vannet. *id.*, mais la prononciation ferait supposer *ambarh*; cf. le gallois **ammalch,** *humble, non orgueilleux,* le contraire de **balch**].

ambréein, *radotter.*

amzesqu' : *hobereau.*

anaoûn, *ombre d'un mort, revenant, revenants, les trépassés* [sing. et plur.; léon. **anaoun,** *les âmes des morts, les morts*; pl. de **ene**].

antret, *ongant* [Cillart : **antrætte**].

anzaouein, *reconoistre* [**anzavout, anzao;** bas-vannet. **anzaẃ**].

arben, *revolte* [vannet. **monet arben,** *aller à la rencontre de;* léon. **monet aziarben; war arbenn,** corn. d'après Troude].

arehin, *à verse* [*v.* **rehin**].

arfleiet : me mes ean arfleiet, *je lui ai donné la poussée* [*je lui ai donné à penser*]; **arfleuein,** *s'emporter, s'acharner,* donné comme vannet. par Troude.

arhenein, *chausser* [moy.-bret. **archennaff;** cf. gall. **archenu**].

arhunnennet, *rance.*

arlanné, *l'année dernière* [**varlene,** gall. **er llynedd**].

arvel, *querelle* [cf. gall. **rhy-fel,** *guerre;* **belu,** *se faire la guerre :* v. J. Loth, *Mots latins en brittonique*].

ascloeden, *attele,* [pl.]**ascloet** [**ascloed, ascleud;** cf. gall. **asclawd**].

attenannein, *pacifier* (à Quervignac).

avamant [*v.* **ahan;** lisez **avaman** ou **avamã**].

avasé, *de dela* [de *a* + *ma,* endroit + *se;* cf. **a-va-man**].

azelah, *au depourveû.*

B

bahoni, bauuanté, *timidité* [moy.-bret. bau, *engourdi*; bawet, bas-vannet. bawet].

batalm, un dalm, *fonde* ou *fronde* [batalm; de baz, bah = *bath + talm, *fronde*, irlandais anc. et mod. tailm].

bauu', *timide* [v. bahoni].

beguinieu *et* binieu, *aubois* [confusion entre beginieu, *soufflets*, léon. meginou, *et* binieu, *cornemuse*].

ber, *fardeau* [à *rude* : pour beh, léon. bec'h; gall. baich; c'est une graphie due à la prononciation de Sarzeau où la gutturale sourde est assez faible et tombe parfois presque à *r*].

berh, *issue, succès* : ean a oura berh, *il fait florès* [moy.-bret. berz; gall. berth, *richesse, beauté*].

berhein : en hani a ziffen, a verh, *défendeur [celui qui défend]*; berhein représente, sans doute, la vraie forme vannetaise, berzein, étant probablement une forme à la Barisy: léon. berza].

berhet : marhadoureh berhet, *contrebande*; goüel berhet, *fête gardée*.

berjuladeen, pl. burjuladeu, *buscielle*.

berzein, *inhiber* [v. berhein].

beüoh, *vache*. pl. béuezet, buhé, buhet, seut [cf. buoh, *Dict. bret.*].

bihin, *satieté, replction* [Quiquier, dans le *Nomenclator*, donne beninec, *charnu*; faute d'impression pour behinec, comme l'a remarqué M. Ernault, qui compare, avec raison, le cornique et gallois mehin, *lard, graisse*; pour l'échange *b* et *m*, v. plus haut beguinieu].

bindedeu, *trébuchet* [bindedou].

bistro : leah bistro, boustro, *petit-lait*.

blashoarhein, *sourire* [cf. mushoarhein, *Dict. bret.*].

bobein : bout morcousquet, *chopper, sommeiller*.

bohemein, *enchanter* [cf. bamein, *Dict. bret.*].

boües : ur voües, *une habitude* [boaz].

Breih, *Bretagne* [à *lever* : Breiz].

brenel, bail, mal, *anille* [branel; *traversier où est appuyée la latte de la charrue*, d'après Grégoire de Rostrenen; M. Ernault compare le gall. branel, *pièce de la charrue*.].

bresillat en deulagat, *siller les yeux*.

brigouss, *cavalcade*.

bruchein, *s'accorder* [cf. bruchét, *Dict. bret.*].

bruguenein, *brosser*.

buh : [v. beüoh].

C

cams, cambs, *aube de prêtre* [vocab. cornique cams].

canaber, *chardonneret* [léon. canaber, de canab, *chanvre*].

canividen pe er ganivet, *toile d'araignée*; queoniden, queonit [bas-vannet. canewiden, blew canewit : v. canivét, *Dict. bret.*; queoniden est une forme de la Haute-Cornouaille].

cantoul, *bout de chandelle*; [kantol, moy.-bret. cantoell, gall. cannwyll].

cantré, *se promener*.

carnatet, *délabré* [de carn, gall. carn, carnedd, *amas de pierres*?].

carstel, *ratelier* [cf. carza, *nettoyer*; gall. carthu].

classanté, *refroidissement*.

clopennec, quilpennec, *accariâtre* [de **clopenn,** *crâne*; gall. **clopen**].

coahet : er freieu en des coahet er principal, *les frais ont absorbé le principal* [*consommé*, **coaza**; cf. gall. **coeth,** *raffiné*, de **coctus**].

coarhaer, *pinson* [écrit **coarh aer :** de **coarh,** *chanvre*; cf. **canaber**].

cofter : ur c'hofter, *bedaine*.

commein, *fouler les draps* [**comʌʌa**].

coribel : e oüé ar goribel, *chancelant* [à *rassurer*].

coribellat, *chanceler (se dit pour les choses matérielles)*.

cosel, stoguell; à Sarzeau **tozel, hoross,** *cahot*.

costinet, *astreint* [*constipé*]; **costinus,** *astringeant* [Cillart ne donne que **goustihuein,** *constiper*].

cotros, *baril pour liqueurs*.

coüé, *tann* (sic) [**bleud couez,** *tan*, d'après Troude].

couguein er velin, *battre le moulin* [**couga**].

coünhat, *se rappeler de mémoire* [moyen-bret. **couffhat,** gall. **coffau**].

crapat, *accrocher* [v. **crappein,** *Dict. bret.*].

cré, bara cré, *pain qui n'est pas levé* [Le Pellet. **crai,** *aigri, trop fermenté*; gall. **crai, croew,** *sans levain*].

crener, quern, pl. de **corn,** *corne* [pour **kerner,** pl. de *corn* : cf. **kerniel**].

cresconi, *amplification*.

cri : [même sens que **cré**; cf. gall. **cri,** même sens].

cripon : coh cripou, *vieux barbon* [moy.-bret. **cripon**].

cun, *doux* [v. **tat cun**; moy.-bret. **cuff**; gall. **cu** et **cun** (avec *n* non nasalisé)].

D

dambriss, *contrefaire* [v. **dambrézein,** *Dict. bret.*].

damenein, *adoucir* [à *implecable*].

dameuh, *refraction*.

daneüel, *rapporter* [**danevell**].

danevelein, *conter, raconter*.

darhel : v. **tarhel**.

dassim leseu, *jus d'herbes ou d'arbres*.

deann, *droit* [cf. *end eeun*, écrit **en deeun : me enn-déeun,** *c'est moi-même, c'est-à-dire, tout droit, exactement*; cf. gall. **yn iawn**].

deantet, *alignement* [cf. **deann**].

deerat é, *il sied* [pour **dereat,** *convenable*].

deliau : en deliau, en iliau, *le lierre* [à entortiller : v. **deliau,** *Dict. bret.*].

diamprésein, *desdaigner* [cf. **dambrézein,** *Dict. bret.*].

diamsel, *entrevue*.

diannein, *périr*, diannein a ra en eet, *le grain dépérit* [cf. haut et bas-vannet.

diânes, léon. **dienez,** *pauvreté, manque de regret à ce qu'on a perdu?* bret. moy. **dieznes**].

dideerein, *appaiser* [de **di+ter**].

diel, *depost* : ur greff a so un diel public, *un greffe est un depost public* [**diellou,** *actes publics*].

dien, coüehuen, *cresme* [**dien;** cornique **dehen** : pour **coüehuen,** v. *Dict. bret.*]

dihéein, *distinguer pour séparer*.

dihennour, *rabat-joie*.

dihostal, *souffler à perdre haleine*.

dilan, deur dilan, *ragas d'eau* [cf. gall. **dylan,** *la mer*].

diloheit é er ster, *la rivière a debaclé* [v. **dilohein,** *Dict. bret.*].

dinaoüein, *decouler* [**dinaoui;** gall. **dyneu**].

disaçun, *hors de saison* [moy.-bret. **disaczun,** *désagréable, cruel*].

disolhein, *délaver* [*essanger le linge*, de **dis+golhein**].

ditalmein, *frapper du pied (en parlant d'une vache)* [cf. **distalmein,** *Dict. bret.*].

diüer [*deux fois*] : pobein diüer, *recuire* [*v.* **ber** : pour la prononciation, cf. cornique **küer,** *chanvre,* gall. **cywarch,** vannet. **coarh**].

divarhet : deulagat divarhet, *qui a de grans yeus* [cf. léon. **divarc'het,** *sans gonds ;* se dit d'un homme hors de lui].

dogan, *cornar,* pl. **doguet** [**dogan**].

dolien quisten, queneüen, *coque de châtaigne, de noix.*

dorhien, *butte* (à Inguiniel) [cf. gall. **twlch,** *monticule, butte*].

dourlan, gourlan, *pleine mer* [pour **gourlan,** *v. Dict. bret.*].

dresquilein a ra, *il va à reculons.*

E

ebr, *nuage, nuée, plusieurs nuées* [*v.* **aibre,** *Dict. bret.*].

ehander, *latitude* [pour *changder* de *eh* = **ex* et un dérivé de *ang,* gall. **ehangder**].

ehoai, *repos du bétail* [ec'hoaz, basvannet. **āhwe,** gall. **echwydd**].

ehüel var [*v.* **deur,** *Dict. bret.*].

elin breh, *coude;* **elinat,** *coudée* [*v.* **glin,** *Dict. bret.*].

elinatein ou **glinatein,** *coudoyer.*

elven, pl. **elvat,** *ailerons de la roue d'un moulin.*

erbat é, *il ne faut pas* [*v.* **arrēbad,** *Dict. bret.*].

ergueteu, *tantost avec le passé* [moy.-bret. **eguetou, agetaou**; cornique **agynsow,** gall. **gynneu**].

erré [*v.* **ezré,** *Dict. bret.*].

esquét, *clou à la cuisse* [**hesqued,** *furoncle*].

eurh, erh ac en ilis, *chanceau.*

eutruné, *messieurs* [aotrounez].

eutrunieh, *seigneurie* [aotrouniez].

F

fallaër, *coquin.*

falsanté, *dereglement.*

fet e pans : a fet e pans, **aratoz,** *de guet a pans* [léon. **a vetepans,** *exprès, par mauvais dessein*].

flach, flaheu, flasqu', flasqueu, *échasses* [cf. **flach,** *béquilles;* **flac'h** signifie aussi *creux de la main;* pour *ch* et *sc,* cf. anglo-saxon **flasc** et **flax,** *sorte de vase ou bouteille*].

flahat : ur flahat, *une jointée.*

floccat : ur floccat deur, *cascade.*

floderion, *canaille.*

fluat, *fanfreluche.*

fluhurec, *casanier.*

foüi : d'er foüi, *au galop.*

frouguein, friguein, *uriner.*

G

garanein, *carenner* [cf. **garan,** *jable de tonnelier*].

garh, güirhi; garz, guirzi, *jars* [cf. **gars,** *Dict. bret.*].

glasic, *crampe* [cf. **glisi,** *goutte, crampe;* Cillart donne **glizi**].

glasquer, *grenouilles des jardins, des prés* [**gloesker, glesker**].

glassanté, *haine.*

gleau, *clair, quand ce n'est pas une liqueur* : gleau é er segal [var. **glouaihue,** *prononcez* **gloęẃ,** gall. **gloyw,** *brillant ;* vieux-breton dans les noms propres **-gloeu**].

glouistr quiguen, *batterie de cuisine* [peut-être **gloüistri**].

gluemmein a neüé, *repulluler.*

goanein, *darder* [gall. **gwanu,** *attaquer, percer, se faire jour à travers*].

goardoni, *garde.*

goelet er gar, *le bas de la jambe* [**goeled,** gall. **gwaelod,** *le fond*].

goenell : ur goenell, *cul de sac.*

goesion, pl. de **goas,** *redevancier* [v. **guision,** *Dict. bret.*].

goïc, *cloporte,* pl. **goiguet.**

gorguez, goarigueh, *temps, loisir* [cf. **goar, gouar,** *Dict. bret.*].

gou, go, *forgeron,* pl. **gouïon** [v. **go,** *Dict. bret.*].

goüaraten : ur oüaraten deur, cann en deur, *le fil de l'eau ;* **goareden, goareteñ** à Sarzeau [v. **goaraten,** *Dict. bret.*].

goüe : a uoüe en ol [*en face de tous,* au mot *face ;* a **wez** ; gall. **gwydd, yn wydd**].

goüef, *indomptable* [v. **goüe,** *Dict. bret.*].

gouez, gouaz doüar, *gué.*

gouhé, goui, *belle-fille, bru* [**gouhez** ; gall. **gwaudd**].

goui [v. **gouhé**].

goulahein en deulagat, *ciller, sourciller.*

goupener, *oreiller* [pour **goubener,** gall. **gobennydd**].

[**goura** : le verbe faire à tous ses temps, moins l'infinitif, qui est *ober,* présente *goura,* au lieu de **groa** *ou* **gra**].

gourdiguennein, *embourber* [cf. **bourdiguenë,** *Dict. bret.*].

gourdigueu, *crevasses dans un chemin.*

gourhenneu, gourhelin, *juillet* [v. **gourhelin,** *Dict. bret.*].

gouriguian, *pigmée* [cf. **corriguan**].

gourivinet, *contr'onglée.*

Gouvri : drouc sant Gouvri, *panaris.*

graspen : ur c'hraspren [**garhpren,** *Dict. bret.*].

gravah, deu bostec, rodelec, *civiere* [**gravaz,** cornique **gravar**].

greh, groüeh, *ciron,* pl. **gréhant, groüehant** [**grec'h,** moyen-breton **gruech**].

gren, *diligent, pront.*

grin : ru grin, *incarnat.*

grohanein, *vieillir* [cf. **groahein,** *Dict. bret.;* cf. gall. **gwrachi,** *sénilité*].

grouncat, gourinquat, *baigner* [moyen-bret. **gouzroncquet** ; pour -'**troncat,** cf. gall. **trochi**].

(1) **guelloüet,** *faculté, vertu* [**galloud** ; moy.-bret. **galloed** ; gall. **gallwyd**].

guen, yen, *coin à fendre* [écrit à tort **güen** ; léon. **genn**].

gueneh, *l'estre* : bassesse de son estre, iseldet es ur gueneh (*de notre être*); cf. gall. **gen, genoedd,** *vie,* **geni,** *naissance.*

gueol, *gueule* [**geol**].

gueriguian, halinaour, *saunier.*

guieuh, *bécasse de terre ;* lostgüen, *bécasse de mer* [**kioc'h** ; gall. **giach**].

guiolh, pl. **guiolhi** : ur c'huiolh, *un chevreuil* [**iourc'h** ; gall. **iwrch**].

güel, *blond* : é vleu a so ré c'huel [on attendrait **gell,** *châtain ;* gall. **gell,** *brun, bai*].

güellaen, *cure.*

güenahen, *verrue* [**gwennhaenn,** gall., corn. **gwenan**].

guerhen, *canal, saignée dans les terres,* ur c'huerhen.

---

(1) Les mots ou *gu* = *g* dur précèdent, dans l'ordre alphabétique, ceux où *gw* généralement écrit *gü* = *gw.*

guers : er huers man, *d'ici il y a longtemps* [avec *g* au-dessus de *h*, indiquant le son radical] ; avaman er c'huers man, *d'ici longtemps* ; chetu evit er c'huers man, *en voilà pour longtemps* [v. **huer**, *Dict. bret.*].

güerso : n'en des quet güerso, *il n'y a pas longtemps* [cf. gall. **ys wers**].

güildr, contam [*poison*], *pour la sardine.*

guinohen : ur c'huinohen tal er lagat, *une fistule lacrymale.*

gunol : er gunol ma, *cette automne* [cf. **gwengolo** ; haut-vannet. **gẅenolõ**, bas-vannet. **gẅenolo**].

H

haleü, *salive* [**halo** ; gall. **haliw**].

hancoüé, huc, hucqueten, *luette.*

hanuo (deur), *eau dormante* [v. **amho**, *Dict. bret.*].

hegué, heguée, *paisible, capable d'endurer.* dolant [serait **he-geuz** en léonard, de *he-*, gall. *hy-* = v.-celt. *su-* et de *ké*, léon. *keuz* ; cf. gall. **hygawdd,** *irascible*].

heidi, pl. de **hoat** albran [**hoʒad, houidi** ; gall. **hwyad**].

hena : en hena, *l'aisné* [**hena**, gall. **hynaf**].

henaoureh, *ainesse* [dérivé de **henaour,** *l'ainé*].

henaourés, *l'ainée.*

hergn, boileu, *boyaux.*

hespet, hesquet, *desséché* (à *inépuisable*) [v. **hesquein**, *Dict. bret.*].

hu, pl. **huen :** huen ac en aer, *les atomes de l'air.*

huisiguel, hueguel, huehenel, *vessie* [v. **huehquenn**, *Dict. bret.*].

huit : ne huit quet, *cela est assés bon* [**ne c'houit quet,** *il ne va pas mal* ; trég. **c'houitout,** *manquer le but* ; ce qui, sauf la difficulté de dérivation, justifierait le rapprochement de M. Ernault avec le gall. **chwith,** *gauche*].

husquellat, lusquenein, *bercer* [v. **lusquennein,** *Dict. bret*].

I

iliau, *lierre* [**ilio,** sing. **iliavenn** ; gall. **eiddew** ; cornique **idhio, hieauven,** d'après Borlase].

inbrequer, *manier* [**embrega, embreger**].

inemp, inep *ou* a **inemp, a inep,** *contre* (à Sarzeau ; ailleurs *enep, a enep*) [v. **enep,** *Dict. bret.*].

infournein, *acculer.*

inteü, *tantost, avec le passé.*

iüin, iüein, *fascheu, estrange* : iüin é guenin güelet quemet sé, *j'ay grand mal de cœur de voir tout cela* ; iüein é guenin, *il m'est estrange.*

L

landrenus, landreus, landreant : buhé landrenus, *vie de fainéantise.*

laqués : n'en him laqués ; n'en him joentés nemeit guet hé assortimant, *ne mets à ton doit anneau trop étroit* [ne te mets, ne te joins qu'à des gens de ta sorte].

lausconi, *inaction, lacheté* [cf. **lausque,** *Dict. bret.*].

lé : pen a lé, *hanche;* en diü' lé, *les hanches* [**lez**].

lehannour, *pleureur.*

lehennour, *patelin, charlatan, trompeur.*

lesennour : ul larour caer [*un beau diseur*]; ur c'homsour agreabl [*un causeur agreable : de* **lesenn,** *loi ?*].

leur ur c'har, *timon* [moyen-bret. **leuzr**].

lihid, leidec, *vase de mer,* pl. **leidegui** [*v.* **leïdec,** *Dict. bret.*].

linfat, linvat, *ragas d'eau, débordement de riviere* [**linva,** *déborder ;* gall. **llifo**].

louvr', *ladre* [*v.* **lovre,** *Dict. bret.*].

louvreh, *ladrerie, lèpre.*

luru, *cendres,* à Sarzeau [prononciation du *d* voisine de *r,* propre à Sarzeau et au golfe du Morbihan; **luru** = **ludu;** basvannet. **ledu;** gall. **lludw.**

lurus, *faineant.*

M

ma, *où :* ma condu en heent se [*où conduit cette route ?*].

magaden, magadel, *nourrisson* [*v.* **magadel,** *Dict. bret.*].

manicleu, *menottes.*

marclen, *rayon de soleil ;* **marclennein,** *jeter des rayons.*

mé : lacat mé, *prendre garde* [**meis,** *intelligence ;* cf. gall. **meddwl,** *pensée*].

mehequat, *confondre* [**mezecaat :** *v.* **meh,** *Dict. bret.*].

mehur, *fomenter (nourrir)* [**mezur,** bret. moy. **maezur;** gall. **maethu**].

melesoureh, *flatterie* [cf. **melis,** *doux, fade ;* gall. **melus**].

melionen, melianen, *fourmi ;* cruguen melion, *fourmilliere* [*v.* **merionnene,** *Dict. bret.*].

mellezour, *adulateur ;* **mellezerion,** *flatteurs* [à prester].

merboriein, *assoupir* [*au-dessus* **morborien**].

merhoden, *poupée* [**merc'hoden**].

merier : ur merier brut, *un bruit confus;* ur merier voeh, *des voix confuses.*

mibiliag, *amusette* [**mibiliach**].

millerh, *petite neige menue et gelée.*

milon : à Sarzeau, pour une monture, on dit ur *milon,* quoique *milon* signifie proprement *mulet* [gall. **mil,** *béte*].

mirhat, merhat, *apparemment* [*v.* **merhat,** *Dict. bret.*].

mistiguen, *petit morceau.*

moguedel ou **tantat** san Iahan, *feu de la saint Jean* [*v.* **moguêt,** *Dict. bret.*].

molen, *hieble.*

moncl, *nazar, nazillar* [corn. **mŏnklus,** d'après Troude].

mordag', *cavesson.*

moriscleu, *grimaces.*

moüehal, *flairer* [bas-vannet. **mwęhal**].

mougadel, *suffocation* [*v.* **mouguein,** *Dict. bret.*].

munudailleu un oh, *petit salé* [dérivé de **munud**].

N

néhen ou **néen,** pl. **néh** ou **né,** *lande de teste* [*v.* **néen,** *Dict. bret.*].

nerhinus : guin crean ha nerhinus, *vin pétillant* [dérivé de **nerh;** pour le suffixe, cf. gall. **nerthineb**].

niher, nihé [*neveux :* à lignée; sing. ni; moy.-bret. **ny;** gall. **nei**].

noeh, *pere de famille ;* noheh en tieeh, *l'homme de la maison* [**ozac'h**].

noüé, *jalousie* [pour **oüé,** léon. **oaz**].

O

oaz, *jalousie* [forme non vannetaise, *v.* noüé].

oign, oigni, eigni, pl. de **oen** [*agneau:* *v.* **oin,** *Dict. bret.*].

omblit, umblit, emblit (er leu), *jeudy saint* [**diriaou hamblid; deiz Iaou gamblid;** gall. **dydd Iau cablyd;** *v.* J. Loth, *Mots latins*].

orguéet, *altier.*

ouspen, épen quemet cé, *d'abondant* [*de plus que cela, oulre cela: v.* **epen,** *Dict. bret.*].

P

patereu, *collier de paisannes :* bi e des ur batereu doh he gouc [mot à mot, des *pater*].

pen : e unan pen [*tout*] *seul.*

peliat, *plumer* [**pelia, peliat**].

peligour, *dinandier* [cf. **billic,** *Dict. bret.*].

pesel, bedel, behel, bihel, *jatte* [*v.* **bédéle, bihel,** *Dict. bret.*].

pieu : me n'en de question nenzeit a douet, a doüein, membieu er veüoh, *s'il ne tient qu'à jurer, la vache est à nous*; me bieu, *il m'apartient* [**piaou;** bas-vannet. *id.;* gall. **piau**].

piher, *quand* [*v.* **pier,** *Dict. bret.*].

pol quisten, *coque de chataigne;* pl. **pelh, polhat** [bas-vannet. **pol, polh**].

prof, *offrande.*

prouein, prohein : ober e brof, e broh [*faire son offrande; v.* **proff,** *Dict. bret.*].

puill : a buill, *abondamment* [**puill** avec *l* mouillé].

Q

quai e-s-hent, te hent, *vas t'en* [*va ton chemin;* léon, **kea, ke;** cornique **ke**].

queguer, pl. de **coq,** *coq.*

quein dourn, *arrière-main.*

quenbrer, *confrere,* pl. **quenbreder** [**kenvreur**].

quenvourhis, pl. **quenvourhision,** *concitoyens.*

querheis, querhair, *héron* [**kerc'heiz;** gall. **crychyr;** *querhair* paraît la vraie forme vannetaise].

R

rehin : a rehin, *a verse;* rehin glaü, *une verse d'eau.*

reverhi, gourlan, morlan, *haute mer, haute marée* [**reverzi;** gall. **rhyferthwy**].

rotiel, *traisneau.*

S

saeh, *fleche* [v. **seah,** *Dict. bret.*].

saloucres, salocres, *sauf correction* [**salocras** = **sal, salv o cras,** *sauf votre grace*].

sardonen, pen marhen, pl. **pen marhet,** *freslon* [vieux-bret. **satron**].

sautaul, sau'taul, *enchère, surenchere* [*Dict. bret.* **santaule;** Cillart, **santaule**].

savalec, *rasle de genest* [**savellec**].

scanbouelic, *volage* [de **scan** = **scanv,** *léger,* et d'un dérivé de **poell,** *intelligence*].

scloeret é me c'hazec, *ma jument a pouliné.*

scorgeh, *foüet* [v. **scourgér,** *Dict. bret.*].

scoufl, scoul, scueul [= **sköl**], *milan* [cf. gall. **ysgwfl,** *proie;* **ysglyf,** *qui cherche une proie;* v.-français *escoufle,* épervier].

sifleden, *bande d'étoffe.*

sor : d'èr sor, *à l'abri.*

speh, spez : cleuein speh, spez, *entendre finement et fort clair*; spehet en des ur scoarn, *qu'il a l'oreille fine* [influence réciproque pour *speh* et *spez,* de **peh** = **piz** et de **spes**].

spezaden, *groseille,* pl. **spezat; spuns, spunat, spunzat** [**spezaden;** cf. gall. **yspyddaden,** *aubépine*].

squetic, spontic, scontic, *ombrageux* [de **squed, skeud,** *ombre*].

stai : lacat stai, *mestre la paix* [cf. **steuzi,** *éteindre ?*].

staul, *cloaque* [**staol,** *étable*].

sted, steudennat, *enfilade* [**steud**].

steuein, *atteindre* [cf. plus bas **tihet** et **tiuout**].

stignein, *bander* [**stigna, skigna**].

stillonneu, squilleu un oh goüet *ou* güif, *les armes (griffes) d'un sanglier.*

stodiet : stodiet é ol, *il est tout engoüé.*

suguein, *sucer* [gall. **sugo**].

T

taloüedigueh, *valeur* [v. **talvoudigueh,** *Dict. bret.*].

tantat, *bouffée de feu* [v. **moguedel**].

tarhel : un darhel, *œil de bœuf* [**tarzell,** *creneau, embrasure;* gall. **tarddell,** *issue :* O. Pughe l'assimile à **llygad,** *œil*].

tarmarh, tarhmarh, *estalon, cheval entier* [cf. **targah,** *Dict. bret.*].

tat-cûn, *bisayeul* [**tad-cŭ, tad-cŭv;** gall. **tad cu**].

tazeu : en tazeu, *d'ici à longtemps* [basvannet. **entazaw**].

tervat, *applatir.*

tesquein a ra en et, *le grain depérit.*

teuen, *falaise* [**teven,** gall. **tywyn**].

tihet, *attrapé* [v. **deh,** *Dict. bret.*].

tinissein doh, *s'accointer à* [v. **denessein,** *Dict. bret.*].

tiuout, tiuein, *happer* [cf. **deh,** *Dict. bret.*].

toisatein, tolhiatein, pennaoüein, *glaner* [v. **toisatat,** *Dict. bret.*].

tonnen, *gazon,* pl. **tonnat** [**tonnen,** *surface dure et sèche d'une terre en délas,* d'après Le Pell. *et aussi croûte, écorce, couenne;* gall. **tonn, tonen,** *surface, peau, terre non labourée*].

torhel, *bosse* [v. **dorhel,** *Dict. bret.*].

touing, *camus (nez)* [**tougn, touign;** gall. **twn : trwyn-dwn,** *nez cassé*].

trechonein, *agacer les dents* cf. **trechon,** *Dict. bret.*].

trederennerés ou **derderennerés**, *tierciere, doüairiere* [*v.* **derderan**, *Dict.* bret.].

trelonquein, tarlonquein, *s'engoüer* [**tarlonca;** gall. **tarlyngcu;** cf. **tralonca**].

trepequein, *frapper du pied* (en parlant d'une vache).

tresuelat, *ruminer* (en parlant d'une bête).

treudigueh, *utencile.*

trevari, *délire* [si le mot est celtique, cf. gall. **tryfar,** *rage folle*].

trevariet é, *il a perdu l'esprit.*

truellat : er menat a gompren huezec gobetat, truellat, *la pairée contient seize, g. tr.* [*v.* **gobedat,** *Dict.* bret.].

tuaden, *douvelle,* pl. **tuat** [*v.* **tuat,** *Dict.* bret.].

tuliennein, *bouder.*

U

Udeu', *juif,* pl. **Udeuion,** en quelques endroits **Uzeu', Uzeuion** [*v.* **Uzeau,** *Dict.* bret.].

uhelen, *levée, élévation* [*v.* **ihuel,** *Dict.* bret.].

uhelen hueru, ur vam leseu, *absynthe* [**huelen-c'houero;** cornique **fuelin;** Cillart : **lesehuenn er vam**].

Y

yvarhen, yvarh, *sentier, petit chemin entre deus hayes,* pl. **yvarheu.**

ADDITIONS ET CORRECTIONS

I

ADDITIONS

Les comparaisons avec le gallois auxquelles je me suis laissé entraîner rendent indispensables, pour mes lecteurs bretons, quelques notions sommaires de prononciation.

U a un son intermédiaire entre *u* breton et français et *i* français, dans le nord. Dans le sud, il a la valeur de *ĭ* bref français.

Eu, *au*, se prononcent à peu près comme *ęï*, *aï*.

Y a deux sons : le premier *ouvert* et *sourd*, équivalant à *e* français dans l'article masculin *le* (*le* grand); le second *fermé* et *clair* ou *aigü* [1], à peu près *u* dans le nord, *i* dans le sud.

Y a le second son :

1) Dans les monosyllabes accentuées : *dyn*, homme, *byd*, monde.

2) Dans les syllabes finales : *sefyll*, être debout, *ymenyn*, beurre.

3) Dans la pénultième ou antépénultième, quand il n'y a pas de consonne entre elle et la syllabe suivante : *hyawdl*, éloquent.

4) Quand *y* est précédé de *w* consonne : *gwybod*, savoir (prononcez *gwibod*).

Partout ailleurs *y* a le son de notre *e* féminin français dans *le petit* [2].

---

(1) Les grammairiens gallois actuels ont une fâcheuse tendance à confondre *ouvert* et *fermé* avec *clair* et *sourd*. Griffith Roberts n'a pas commis cette capitale erreur dans son étude de *y* gallois.

(2) Dans certains cas *y* correspond à *c'h* breton ; c'est alors une ancienne spirante gutturale sonore; elle ne forme pas syllabe : *daly* = breton *dalc'h* ; *eiry* = breton *erc'h*.

W voyelle = français *ou*; *w* consonne = *w* anglais.

Ff, *ph* = *f* français et breton.

F = *v* breton.

Rh, *ll*, *mh*, *nh* n'ont pas d'équivalents en breton : ce sont des *r*, *l*, *m* et *n* sourds (prononcez *rh*, *mh*, *nh*, autant que possible, d'après l'orthographe. Pour prononcer *ll*, appuyez la pointe de la langue au palais ou au-dessus des gencives supérieures, et *explodez* fortement et brusquement en soufflant l'air surtout par le côté droit de la bouche).

Ngh est une nasale gutturale sourde; *ng*, la nasale gutturale correspondant au breton *nc*, *ng*.

Th est une spirante dentale sourde, qui a existé en breton; comparez le *th* dur anglais.

Dd représente la spirante sonore interdentale, analogue au *z* haut-vannetais dans *me zad*, mon père, avec cette différence que *dd* est interdentale, et que *z* haut-vannetais, se prononce presque en touchant la rangée inférieure des dents.

Les additions contiennent bon nombre de rapprochements avec le gallois omis surtout dans les premières pages.

P. 1.   **abbati** : gall. **abbaty.**
      adoüé : gall. **nodwydd.**

P. 2.   **aere,** gall. **neidr,** pl. **nadroedd.**
      ahel : gall. **echel.**
      alhüe : gall. **allwedd.**
      alyson : gall. **elusen.**
      aman : gall. **yma, yman.**
      ambruc : gall. **hebrwng.**
      amerhein : gall. **armerthu.**
      amonen : gall. **ymenyn.**
      amzer : gall. **amser.**
      anaouein : gall. **adnabod.**

P. 3.   **ancoat** : gall. **anghofio.**
      aneouét : gall. **annwyd.**
      annoer : gall. **anner.**
      anquein : gall. **angher,** *nécessité, pauvreté.*
      anqueu : gall. **angau.**
      ant : gall. **nant,** *ravin, ruisseau.*
      antrenos : cf. gall. **tranoeth, tranos.**
      anüét : gall. **addfed.**

P. 3. **aourn** : gall. **arddwrn.**
ar : gall. **ar.**
arbouill : gall. **arbwyllo**, *raisonner, persuader.*
arère : gall. **aradr.**

P. 4. **argouvreu** : gall. **argyfrau.**
aroüarec : gall. **arwar**, *tranquille, paisible.*
ascourn : gall. **ascwrn**, pl. **escyrn.**
asenn : gall. **asyn.**
asquel : gall. **asgell**, pl. **esgyll.**
astennein : gall. **estyn.**
attuem : gall. **attwymo.**
aüel : gall. **awel.**

P. 5. **aval** : gall. **afal**, *pomme*; **afall, afallen**, *pommier.*
azéein : gall. **asseddu.**
badéein : gall. **bedyddio.**

P. 6. **baneh** : cornique **bana.**
bara : gall., cornique **bara.**
baraoüis : gall. **paradwys.**
barléen : gall. **barlen.**
barnein : gall. **barnu.**
barü : gall. **barf.**
bean : gall. **buan.**
béein : gall. **boddi.**

P. 7. **beguil** : gall. **bogail.**
beguin : gall. **megin**, *soufflet.*
beh : gall. **baich.**
benoeh : cf gall. **bendith.**
benüec : gall. **benffyg**, *prêt, emprunt.*
berrë : gall. masc. **byrr**, fém. **berr.**
berüein : gall. **berwi.**
bét : gall. **byd.**
bihan : gall. **bychan.**

P. 8. **bir**, *broche* : gall. **ber.**
birein : gall. **beru.**
bis : gall. **bys.**
biscoeh : cornique **bithqueth.**
biw : gall. **byw.**
blai : gall. **blwydd.**
blas : gall. **blas**, *goût.*
blayeu : gall. **blodau.**
blehenn : gall. **pleth**, *tresse, natte de cheveux.*
blei : gall. **blaidd.**
blèt : gall. **blawd.**
blin : gall. **blaen.**

P. 9. **boèt** : gall. **bwyd.**
bohal : gall. **bwyail.**

P. 9.   **bonal** : gall. **banadl.**
bot : gall. **bod.**
boüar : gall. **byddar.**
bouh : gall. **bwch.**
boulh : gall. **bwlzh,** *entaille, bréche, défilé.*

P. 10. **braire** : gall. **brawd,** pl. **brodyr.**
bram : gall. **bram.**
bran : gall. **bran,** pl. **brein.**
bras : gall. **bras,** *gros.*
breh, *petite vérole* : gall. **brech.**
breh, *bras* : gall. **braich.**
breh, *de différente couleur* : gall. **brith,** fém. **braith.**
brehonnec : gall. **brythoneg.**
brein : gall. **braen.**
bren, *jonc* : gall. **brwyn.**

P. 11. **brentaal** : cf. gall. **brawd,** *jugement.*
bresel : cornique **bresel,** entre dans de vieux noms propres gallois.
bro : gall. **bro.**
broh, *blaireau* : gall. **broch.**
bronë : gall. **bron.**
bronnec : gall. **bloneg.**
broudein : cf. gall. **brwyd,** *broche, instrument pointu.*
bugul : gall. **bugail.**
buhé : gall. **buchedd.**
buoh : gall. **buch.**

P. 12. **cadoer** : gall. **cadeir.**
caer : gall. **cadr.**
cah : gall. **cath.**
cahein : gall. **cachu.**
caï : gall. **cae,** *champ.*
calét : gall. **caled.**
calon : gall. **calon.**
cam : gall. **cam.**
campeen : gall. **eymhen,** *approprié à, avisé, discret.*

P. 13. **campouizein** : gall. **cymhwys,** *égal en poids, juste, équitable.*
canderhuë : gall. **cefnderw.**
canë : gall. **cann.**
caneau : gall. **cnaif.**
caniterhuë : gall. **cefnitherw.**
cannein, *chanter* ; léon. **căna** ; bas-vannet. **cănein** ; gall. **canu.**
cant : gall. **cant.**
caoülein : gall. **caul,** *présure.*
car : gall. **car,** pl. **ceraint.**
caranté : gall. **carennydd.**
caréein : gall. **ceryddu.**
carein : gall. **caru.**

P. 13. **carnec** : gall. **carnog.**
carr : vieux-gall. **carr.**
carrec, gall. **carreg,** pl. **cerryg.**
carués : à lire probablement **caruéc.**

P. 14. **carv** : gall. **carw.**
cas, *aversion* : gall. **cas.**
casal : gall. **cesail.**
casec : gall. **casec,** pl. **cesyg.**
cautér : gall. **callawr.**
cergatte : gall. **crogen, cregyn.**
ceu : gall. **cau.**

P. 15. **chrichen** : gall. **cristawn.**
claï : gall. **clawdd.**
clan : gall. **claf.**
claouein : gall. **claddu.**
clean : gall. **cleddyf.**
cleï : gall. **cledd.**
cléüein, cléüet : gall. **clywed.**
cloh : gall. **cloch.**
clom : gall. **cwlwm,** *nœud.*

P. 16. **clom,** *pigeon :* gall. **colomen.**
clugyar : gall. **clugiar.**
clut : cf. gall. **cludo,** *amonceler.*
coarh : gall. **cywarch.**
coeh, couehein : gall. **cwyddo.**
coet : gall. **coed.**
coh : cornique **coth.**

P. 17. **coï** : gall. **coll.**
colin : gall. **colwyn.**
corf : gall. **corff.**
corn, *corne :* gall. **corn,** pl. **cyrn.**

P. 18. **corss** : gall. **cors.**
couc : gall. **gwddwg.**
courehen : gall. **croen.**
cousquein : gall. **cysgu.**

P. 19. **craouat** : gall. **crafu.**
crasereh : gall. **cras,** *raccorni, compact.*
cravel : gall. **crafell.**
crean, *fort :* gall. **cryf.**
credein : gall. **credi.**
creinein : gall. **crynu.**
creïs : gall. **craidd.**
creuhen : gall. **crofen, crawen.**
crez : gall. **crys.**
crib : gall. **crib.**
cribenn : gall. **cribyn,** *sommet d'une colline.*

P. 19. **croes** : gall. **croes,**
    crom : gall. **crwm,** fém. **crom.**
    crouadur : gall. **creadur,** *créature.*
P. 20. **crouguein** : gall. **crogi.**
    cuëguein : gall. **cegin.**
    cuhein : gall. **cuddio.**
    daibrein : cornique **dibry.**
    dalh : gall. **daly** (monosyllabe).
    dallein : gall. **dallu.**
    dan : gall. **dawf, daw.**
    dant : gall. **dant.**
P. 21. **deauc** : gall. **deog.**
    déc : gall. **deg.**
    deheu : gall. **deheu.**
    deliaouen : gall. **dail.**
    dérë mat, *étrennes (bon commencement)* : gall. **dechreu,** *commen-*
      cement.
P. 22. **deüéh** : gall. **dyddgwaith,** *journée, un jour.*
    deüiguent : gall. **deugain.**
    deulin : gall. **deulin.**
    deuzec : gall. **deuddeg.**
P. 25. **dillat** : gall. **dillad.**
P. 26. **dimercher** : gall. **dyddmercher, dywmercher.**
    dimerh : gall. **dyddmawrth, dywmawrth.**
    dir : gall. **dur.**
    diriau : gall. **dydd Iau.**
P. 27. **disquenn** : gall. **discynn.**
    disquet : gall. **dysgu,** *apprendre.*
P. 30. **dor** : gall. **dor.**
P. 32. **ema** : gall. **ymae.**
P. 59. **luhet** : gall. **lluched.**
P. 85. **stouhein** : léon. **stoui,** gall. **ystwng.**

II

CORRECTIONS

P. 1, col. 1, l. 1, ajouter : **a,** *particule verbale relative, pronom relatif :* v. **bernein,**
    boüillenë, etc.
P. 2, col. 1, l. 9, ajouter : [**aerieu,** *v.* **ér**].
P. 2, col. 1, l. 34, ajouter : [**aistr,** *v.* **istren**].
P. 2, col. 1, l. 44, ajouter : **aleuradur,** *dorure.*
P. 3, col. 2, l. 8, ajouter : **ar er mezeu,** « *à la campagne.* »
P. 4, col. 1, l. 40, ajouter : **arrezein,** *donner des arres.*
P. 5, col. 1, l. 4, ajouter : **auter,** *v.* **dirag** [**aoter,** gall. **allawr**].

P. 5, col. 1, l. 5, au lieu de : **auzilleu,** lire **auzillen.**

P. 5, col. 1, l. 6, ajouter : **avairrein,** *à monceau, beaucoup* [*v.* **ahioh;**
Cillart : **a-verrein;** paraît composé de *a* et de *bern,* bas-
vannet. **bęrn** et **bęrgn,** *tas, monceau;* pl. **berniou,** bas-
vannet. **bęrgnạou.** Pour **bęrĭgn = bęrgn,** cf. haut-vannet.
borĭgn = bọrgn, dans **pęr borĭgn,** bas-vannet. **pęr
bọrgn,** *poires borgnes,* qui font toucher quand on les mange,
poires sauvages.

P. 5, col. 2, l. 7, ajouter : **ayvés,** *avives.*

P. 5, col. 2, l. 23, 25, lire : **balibouséin, balibousér.**

P. 6, col. 1, l. 45, au lieu de : *barot,* lire **barot.**

P. 6, col. 2, l. 2, ajouter : **barren,** *branche, barre,* pl. **barre.**

P. 6, col. 2, l. 13, original : **barüenniguen.**

P. 8, col. 2, 1, 23, ajouter **blen-oh-vlain :** *v.* **bara.**

P. 8, col. 1, l. 27 : au lieu de : **bistante,** lire **bülanté :** *v.* **pillanté.**

P. 9, col. 2, l. 7, ajouter : **bôt** (original, après **bodat).**

P. 10, col, 1, l. 1, ajouter : [**Bourdel :** *v.* **rivér**].

P. 10, col. 2, l. 9, au lieu de : **banette,** lire **bassette.**

P. 11, col. 1, l. 23, ajouter : [**brihennat :** *v.* **brehat**].

P. 11, col. 2, l. 9, original : par erreur, **ra.**

P. 11, col. 2, l. 45, ajouter : [**buonë :** *v.* **bean**].

P. 12, col. 1, l. 4, ajouter : original **ur hoban,** lire **haban.**

P. 12, col. 2, l. 7, ajouter : **calangouyan :** *v.* **mis.**

P. 13, col. 2, l. 31, ajouter : **ur harnel.**

P. 14, col. 1, l. 16, ajouter : **casiment,** *presque.*

P. 14, col. 1, l. 32, au lieu de : **er haüen,** lire **er haüeu.**

P. 14, col. 1, l. 41, ajouter : **ur gauter.**

P. 14, col. 1, l. 43, supprimer : **caziment.**

P. 14, col. 1, l. 43, ajouter : [**ceĭn :** *v.* **garre**].

P. 14, col. 2, l. 18, ajouter : [pl.] **chalchenneu** [cf. **jelkenn**].

P. 15, col. 1, l. 5, ajouter, original, par erreur, **chétat.**

P. 15, col. 1, l. 40, ajouter : [pl.] **claÏeu.**

P. 16, coi. 2, l. 9, ajouter ; [**coaire :** *v.* **torh**].

P. 16, col. 2, l. 25, lire : **un hanter,** au lieu de **ur hanter.**

P. 17, col. 1, l. 15, au lieu de : ou collein, lire *ou* collein.

P. 17, col. 1, dern. l., ajouter : **ur homplot.**

P. 18, col. 2, l. 27, ajouter : **courtinein,** *ranger les nattes, garnir un navire.*

P. 19, col. 1, l. 5, ajouter : **ur grapin.**

P. 19, col. 1, l. 8 : au lieu de : **craserch,** lire **cFasereh.**

P. 19, col. 1, l. 13, ajouter : **crazein,** *secher, désecher* [**craza,** cf. gall.
crasu].

P. 19, col. 1, l. 21, original, par erreur : **credagé.**

P. 19, col. 1, dern. l., ajouter : **ur hreu.**

P. 19, col. 2, l. 13, ajouter : [**criben :** *v.* **garre**].

P. 20, col. 2, l. 36, ajouter : **dent a vale,** *les grosses dents* [*v.* **malein**].

P. 21, col. 1, av. dern. l., au lieu de **ma pdéen,** lire : **map déen.**

P. 21, col. 2, l. 1, ajouter : [**defelhein**, *éralter*: *v.* **difelhein**].

P. 21, col. 2, l. 3, ajouter : [**deguet**, *d'avec* : *v.* **guet**].

P. 22, col. 2, l. 4, au lieu de : **deustou**, lire **deuston** [haut-vannet., habituellement **deustou**].

P. 22, col. 2, l. 14, ajouter : [**dévéhat** : *v.* **divéat**].

P. 22, col. 2, l. 16, ajouter : [**deverremant** : *v.* **diverremant**].

P. 22, col. 2, l. 39, ajouter : [**diamprag** : *v.* **divambrage**].

P. 22, col. 2, l. 39, ajouter : [**diamprein** : *v.* **divambrein**].

P. 24, col. 2, l. 18, au lieu de : **him**, lire **him.**

P. 25, col. 1, l. 30, original **qué**, pour **quét**.

P. 26, col. 2, l. 17, ajouter : [**dirangennein** : *v.* **dichengennein**].

P. 27, col. 1, l. 2, au lieu de : **vangorieu**, lire **vangoerieu**.

P. 27, col. 1, l. 33, ajouter : [pl.] **disguiblét**.

P. 27, col. 1, l. 41, au lieu de : **dis[s]lar**, lire **dis[l]ar.**

P. 28, col. 2, l. 16, ajouter : *v.* **collet.**

P. 29, col. 1, l. 9, ajouter : **divir, diuér, diuéradur**, *égoûts*.

P. 29, col. 1, l. 17, original, par erreur, **divergondagê**.

P. 29, col. 2, l. 13, au lieu de : **tehou**, lire **tehou.**

P. 30, col. 1, l. 5, original, par erreur, **doctine.**

P. 30, col. 1, l. 6, au lieu de : *dogués*, lisez **dogués.**

P. 30, col. 2, l. 8, 11, 14, original, par erreur, **donçé, donçic, dongein.**

P. 31, col. 2, l. 3, ajouter : **drêt er hohan**, *droit d'ainesse.*

P. 32, col. 1, l. 15 : la note 2 est à reporter à la ligne suivante; ajoutez : moy.-bret. **eff** (2).

P. 32, col. 1, l. 32, au lieu de : **eerhuen**, lire **eerhueu.**

P. 32, col. 2, l. 4, ajouter : *v.* **irh.**

P. 32, col. 2, l. 18, ajouter : [**eine**, [pl.] **einet** : *v.* **ir**].

P. 32, col. 2, l. 19, ajouter : [**eistrec** : *v.* **istrec**].

P. 32, col. 2, l. 21, ajouter : [**eivreinnour** : *v.* **hunvreour** et **evreine**].

P. 32, col. 2, l. 24, ajouter : [**életteen** : *v.* **ereten**].

P. 34, col. 1, l. 10, ajouter : **ema é lacat eüeh**, *il est aux aguets.*

P. 34, col. 2, l. 8, au lieu de : **stoqui[e]n**, lire **stoqu[e]in.**

P. 35, col. 1, l. 42, ajouter : **farçe á gosté**, *raillerie à part.*

P. 37, col. 1, l. 4, ajouter : [**foñette** : *v.* **scourgér**].

P. 37, col. 2, l. 36, ajouter : **frouguein**, original **fronguein**, *pisser.*

P. 38, col. 1, l. 36, ajouter : **ur arh spern**, *une haye d'épine*, cf. **spernenn.**

P. 39, col. 1, l. 14, au lieu de : **ooet**, lire **coet.**

P. 39, col. 2, l. 10, ajouter : **gletü** : *v.* **biv.**

P. 41, col. 2, l. 33, ajouter : **gober** : gober er pantre (*lisez* pautre), *braver, faire piaffe.*

P. 42, col. 1, l. 7, au lieu de : **goersieu**, lire **goerieu.**

P. 42, col. 1, l. 20, ajouter : pl. **gouardeu.**

P. 42, col. 1, l. 30, devant gall. mettre [.

P. 43, col. 2, l. 23, le rapprochement avec **gorphenaf** est peu vraisemblable.

P. 44, col. 1, l. 11, au lieu de : **gouroue**, lire **gourone.**

P. 45, col. 2, l. 18, ajouter : **güen ivein**, *if.*

P. 46, col. 1, l. 7, ajouter : [**guerenen** : *v.* **guinéne** et **gurenen**].
P. 47, col. 1, l. 21, ajouter : [**guinderisse** : *v.* **pont**].
P. 49, col. 1, l. 15, au lieu de : **vaugoêr**, lire **vangoêr**.
P. 50, col. 1, l. 7, ajouter : original **doné**.
P. 52, col. 2, l. 1, au lieu de : **et,** lire **el**.
P. 53, col. 1, l. 19, au lieu de : **hlat,** lire **hlut**.
P. 53, col. 1, l. 35, ajouter : original **ohain**.
P. 53, col. 2, l. 5, au lieu de : *ou,* lire *ici*.
P. 53, col. 2, l. 8, ajouter : pl. **imurieu**.
P. 53, col. 2, l. 9, ajouter : [**incardour** : *v.* **gloannour**].
P. 55, col. 2, l. 35, ajouter : [**laiûe** : *v.* **leûe**].
P. 56, col. 1, l. 1, ajouter : [**lan** : *v.* **lein**].
P. 57, col. 1, l. 31, au lieu de : **hum,** lire **him**.
P. 57, col. 1, l. 43, au lieu de : **lezeen,** lire **lezeenn**.
P. 57, col. 2, l. 17, au lieu de : **cren,** lire **crean**.
P. 57, col. 2, l. 25, ajouter : **liés a hueh,** *maintefois, souvent*.
P. 58, col. 1, l. 14, ajouter : [**livreh** : *v.* **leah**].
P. 58, col. 2, l. 15, ajouter : [**loré** : *v.* **sul** et **lauré**].
P. 61, col. 1, l. 22, ajouter : [**marhaindér** : *v.* **brehaindér**].
P. 61, col. 1, l. 29, ajouter : [pl.] **marhadeu**.
P. 62, col. 1, l. 16, ajouter : [**mel, mil,** *miel* : *v.* **lirenn, direnn**].
P. 63, col. 1, l. 8, ajouter [**mérene** : *v.* **mirene**].
P. 63, col. 1, l. 28, ajouter : *v.* **ar**.
P. 63, col. 1, l. 33, ajouter : [**mestre** : *v.* **scole**].
P. 64, col. 1, l. 6, ajouter : **milennein,** *jaunir*.
P. 64, col. 1, l. 16, au lieu de : *aleine,* lire *alesne*.
P. 67, col. 1, l. 10, au lieu de : *préjudice*; **nœss,** lisez *préjudice* **nœss**.
P. 69, col. 1, l. 33, ajouter : **pantre** (lisez **pautre**) : gober er pantre, *braver,*
      faire piaffe.
P. 70, col. 2, l. 24, ajouter : [**pendal** : *v.* **logodenn**].
P. 72, col. 2, l. 41, ajouter : [**pluchen** : *v.* **plusquen**].
P. 73, col. 2, l. 27, ajouter : **portelof,** *plabor* : *v.* **babourh**.
P. 75, note 3, au lieu de : **kenella** : *v.* **quenella**.
P. 77, col. 1, l. 16, ajouter : [**raboussec** : *v.* **grabotennic**].
P. 77, note 4, au lieu de : *trouue dans,* lisez *trouve* **rhyw** *dans*.
P. 78, col. 2, l. 7, ajouter : *v.* **ivin**.
P. 80, col. 1, l. 2, ajouter : [**sairrein** : *v.* **cherrein**].
P. 80, col. 1, l. 20, ajouter : **é santaule**.
P. 82, col. 1, l. 28, ajouter : **secourein,** *secourir, aider, assister*.
P. 83, col. 1, l. 16, ajouter : [**sihér** : *v.* **sah**].
P. 85, col. 1, l. 22, ajouter : **stribourh,** *stribor* : *v.* **babourh**.

Typ. Oberthür, Rennes (9-85).